高一同學的目標

1. 熟背「高中常用7000字」
2. 月期考得高分
3. 會說流利的英語

1. 「用會話背7000字①」書 + CD 280元

以三個極短句為一組的方式，讓同學背了會話，同時快速增加單字。高一同學要從「國中常用2000字」挑戰「高中常用7000字」，加強單字是第一目標。

2. 「一分鐘背9個單字」書 + CD 280元

利用字首、字尾的排列，讓你快速增加單字。一次背9個比背1個字簡單。

3. rival

rival⁵ (ˈraɪvl̩) n. 對手
arrival³ (əˈraɪvl̩) n. 到達   } 都有 rival
festival² (ˈfɛstəvl̩) n. 節日；慶祝活動

revival⁶ (rɪˈvaɪvl̩) n. 復甦
survival³ (səˈvaɪvl̩) n. 生還   } 字尾是 viv
carnival⁶ (ˈkɑrnəvl̩) n. 嘉年華會

carnation⁵ (kɑrˈneʃən) n. 康乃馨
donation⁶ (doˈneʃən) n. 捐贈   } 字尾是 nation
donate⁶ (ˈdonet) v. 捐贈

3. 「一口氣考試英語」書 + CD 280元

把大學入學考試題目編成會話，背了以後，會說英語，又會考試。

例如：

What a nice surprise! (真令人驚喜！)【常考】
I can't believe my eyes.
(我無法相信我的眼睛。)
Little did I dream of seeing you here.
(做夢也沒想到會在這裡看到你。)【駒澤大】

4.「一口氣背文法」書+ CD　280元
英文文法範圍無限大，規則無限多，誰背得完？
劉毅老師把文法整體的概念，編成216句，背完
了會做文法題、會說英語，也會寫作文。既是一
本文法書，也是一本會話書。

1. 現在簡單式的用法

I *get up* early every day.	我每天早起。
I *understand* this rule now.	我現在了解這條規定了。
Actions *speak* louder than words.	行動勝於言辭。

【二、三句強調實踐早起】

5.「高中英語聽力測驗①」書+ MP3 280元
6.「高中英語聽力測驗進階」書+ MP3 280元
高一月期考聽力佔20%，我們根據大考中心公布的
聽力題型編輯而成。

7.「高一月期考英文試題」書 280元
收集建中、北一女、師大附中、中山、成功、景
美女中等各校試題，並聘請各校名師編寫模擬試
題。

8.「高一英文克漏字測驗」書 180元
9.「高一英文閱讀測驗」書 180元
全部取材自高一月期考試題，英雄
所見略同，重複出現的機率很高。
附有翻譯及詳解，不必查字典，對
錯答案都有明確交待，做完題目，
一看就懂。

高二同學的目標——提早準備考大學

1. 「用會話背7000字①②」
   書+CD，每冊280元

   「用會話背7000字」能夠解決所有學英文的困難。高二同學可先從第一冊開始背，第一冊和第二冊沒有程度上的差異，背得越多，單字量越多，在腦海中的短句越多。每一個極短句大多不超過5個字，1個字或2個字都可以成一個句子，如：「用會話背7000字①」p.184，每一句都2個字，好背得不得了，而且與生活息息相關，是每個人都必須知道的知識，例如：成功的秘訣是什麼？

11. What are the keys to success?

Be *ambitious*.	要有<u>雄心</u>。
Be *confident*.	要有<u>信心</u>。
Have *determination*.	要有<u>決心</u>。
Be *patient*.	要有<u>耐心</u>。
Be *persistent*.	要有<u>恆心</u>。
Show *sincerity*.	要有<u>誠心</u>。
Be *charitable*.	要有<u>愛心</u>。
Be *modest*.	要<u>虛心</u>。
Have *devotion*.	要<u>專心</u>。

當你背單字的時候，就要有「雄心」，要「決心」背好，對自己要有「信心」，一定要有「耐心」和「恆心」，背書時要「專心」。

背完後，腦中有2,160個句子，那不得了，無限多的排列組合，可以寫作文。有了單字，翻譯、閱讀測驗、克漏字都難不倒你了。高二的時候，要下定決心，把7000字背熟、背爛。雖然高中課本以7000字為範圍，編書者為了便宜行事，往往超出7000字，同學背了少用的單字，反倒忽略真正重要的單字。千萬記住，背就要背「高中常用7000字」，背完之後，天不怕、地不怕，任何考試都難不倒你。

2. 「時速破百單字快速記憶」書 250元

字尾是 try，重音在倒數第三音節上

entry³ ('ɛntrɪ) *n.* 進入【No entry. 禁止進入。】
country¹ ('kʌntrɪ) *n.* 國家；鄉下【ou 讀 /ʌ/，為例外字】
ministry⁴ ('mɪnɪstrɪ) *n.* 部【mini = small】

chemistry⁴ ('kɛmɪstrɪ) *n.* 化學
geometry⁵ (dʒɪ'ɑmətrɪ) *n.* 幾何學【geo 土地，metry 測量】
industry² ('ɪndəstrɪ) *n.* 工業；勤勉【這個字重音常唸錯】

poetry¹ ('po‧ɪtrɪ) *n.* 詩
poultry⁴ ('poltrɪ) *n.* 家禽〉字尾 y 表「集合名詞」
pastry⁵ ('pestrɪ) *n.* 糕餅

3. 「高二英文克漏字測驗」書 180元

4. 「高二英文閱讀測驗」書 180元
   全部選自各校高二月期考試題精華，英雄所見略
   同，再出現的機率很高。

5. 「7000字學測試題詳解」書 250元
   一般模考題為了便宜行事，往往超出7000字範圍
   ，無論做多少份試題，仍然有大量生字，無法進
   步。唯有鎖定7000字為範圍的試題，才會對準備
   考試有幫助。每份試題都經「劉毅英文」同學實
   際考過，效果奇佳。附有詳細解答，單字標明級
   數，對錯答案都有明確交待，不需要再查字典，
   做完題目，再看詳解，快樂無比。

6. 「高中常用7000字解析【豪華版】」書 390元
   按照「大考中心高中英文參考詞彙表」編輯而成
   。難背的單字有「記憶技巧」、「同義字」及
   「反義字」，關鍵的單字有「典型考題」。大學
   入學考試核心單字，以紅色標記。

7. 「高中7000字測驗題庫」書 180元
   取材自大規模考試，解答詳盡，節省查字典的時間。

編者的話

　　「學科能力測驗」是「指定科目考試」的前哨站，雖然難度較「指考」低，但是考試內容以及成績，仍然非常具有參考價值，而且「學測」考得好的同學，還可以甄選入學的方式，比別人早一步進入理想的大學，提前放暑假。

　　學習出版公司以最迅速的腳步，在一個禮拜內，出版107年學科能力測驗各科詳解，展現出最驚人的效率。本書包含 107 年度「學測」各科試題：英文、數學、社會、自然和國文，做成「**107年學科能力測驗各科試題詳解**」，書後並附有大考中心所公佈的各科選擇題答案。另外，在英文科詳解後面，還附上了英文試題修正意見及英文考科選文出處，讀者可利用空檔時間，上網瀏覽那些網站，增進自己的課外知識，並了解出題方向。

　　這本書的完成，要感謝各科名師全力協助解題：

英文 / 謝靜芳老師・蔡琇瑩老師・李冠勳老師
　　　謝沛叡老師・藍郁婷老師
　　　美籍老師 Laura E. Stewart
　　　　　　　　Christain A. Brieske

數學 / 劉　星老師
社會 / 吳　敲老師・洪　浩老師・吳　曄老師
國文 / 李雅清老師
自然 / 詠新自然余天老師團隊老師

　　本書編校製作過程嚴謹，但仍恐有缺失之處，尚祈各界先進不吝指正。

劉　毅

CONTENTS

107 年大學入學學科能力測驗試題
英文考科

第壹部分：單選題（占 72 分）

一、詞彙題（占 15 分）

說明：第 1 題至第 15 題，每題有 4 個選項，其中只有一個是正確或最適當的
　　　選項，請畫記在答案卡之「選擇題答案區」。各題答對者，得 1 分；
　　　答錯、未作答或畫記多於一個選項者，該題以零分計算。

1. Mangoes are a _____ fruit here in Taiwan; most of them reach
their peak of sweetness in July.
(A) mature　　　(B) usual　　　(C) seasonal　　　(D) particular

2. Writing term papers and giving oral reports are typical course
_____ for college students.
(A) requirements　(B) techniques　(C) situations　(D) principles

3. If we work hard to _____ our dreams when we are young, we
will not feel that we missed out on something when we get old.
(A) distribute　　(B) fulfill　　　(C) convince　　(D) monitor

4. Few people will trust you if you continue making _____ promises
and never make efforts to keep them.
(A) chilly　　　(B) liberal　　　(C) hollow　　　(D) definite

5. Becky _____ her ankle while she was playing tennis last week.
Now it still hurts badly.
(A) slipped　　　(B) dumped　　　(C) twisted　　　(D) recovered

6. Research shows that men and women usually think differently. For
example, they have quite different _____ about what marriage
means in their life.
(A) decisions　　(B) beliefs　　　(C) styles　　　(D) degrees

7. The new manager is very _____. For instance, the employees are
given much shorter deadlines for the same tasks than before.
(A) persuasive　　(B) tolerable　　(C) suspicious　　(D) demanding

8. While the couple were looking _____ for their missing children, the kids were actually having fun in the woods nearby.
   (A) anxiously　　(B) precisely　　(C) evidently　　(D) distinctly

9. After delivering a very powerful speech, the award winner was _____ by a group of fans asking for her signature.
   (A) deposited　　(B) reserved　　(C) vanished　　(D) surrounded

10. The interviewees were trying very hard to _____ the interviewers that they were very capable and should be given the job.
    (A) credit　　(B) impress　　(C) relieve　　(D) acquire

11. After the first snow of the year, the entire grassland disappeared under a _____ of snow.
    (A) flake　　(B) blossom　　(C) blanket　　(D) flash

12. Peter likes books with wide _____, which provide him with enough space to write notes.
    (A) angles　　(B) margins　　(C) exceptions　　(D) limitations

13. At the beginning of the semester, the teacher told the students that late assignments would receive a low grade as a _____.
    (A) hardship　　(B) comment　　(C) bargain　　(D) penalty

14. Various studies have been _____ in this hospital to explore the link between a high-fat diet and cancer.
    (A) conducted　　(B) confirmed　　(C) implied　　(D) improved

15. Intense, fast-moving fires raged across much of California last week. The _____ firestorm has claimed the lives of thirty people.
    (A) efficient　　(B) reliable　　(C) massive　　(D) adequate

二、綜合測驗（占 15 分）

說明：　第 16 題至第 30 題，每題一個空格，請依文意選出最適當的一個選項，請畫記在答案卡之「選擇題答案區」。各題答對者，得 1 分；答錯、未作答或畫記多於一個選項者，該題以零分計算。

第 16 至 20 題爲題組

It has long been assumed that creativity is some unusual trait enjoyed by the few. However, according to a wide array of scientific and sociological research, creativity is __16__ a sign of rare genius than a natural human potential. Thus, it can be nurtured and encouraged.

It is believed that taking breaks from a problem can help __17__ a moment of insight or stimulate new ideas. Unconventional solutions can also be explored. That is why some of the most successful companies in the world, such as 3M and Google, encourage their employees to __18__ all sorts of relaxing activities, such as playing pinball and wandering about the campus. During such breaks, the mind turns inward, __19__ it can subconsciously puzzle over subtle meanings and connections.

Another way to increase creativity is to take risks. This is because many breakthroughs come up when people venture __20__ their usual routines or areas of expertise. This can be done by, for example, learning new skills or traveling to new countries.

16. (A) more   (B) less   (C) better   (D) worse
17. (A) spark   (B) carve   (C) drill   (D) grind
18. (A) refer to   (B) answer for (C) take part in (D) put up with
19. (A) if   (B) but   (C) where   (D) which
20. (A) into   (B) without   (C) under   (D) beyond

第 21 至 25 題爲題組

Hair usually gets greasy when it has not been washed because it soaks up oil—hence the need for shampoo! __21__ this oil-absorbing feature might not always be so great for our hygiene, it *can* be great for the environment.

Matter of Trust, a nonprofit organization, has an innovative solution for removing the large-scale oil spill in the Gulf of Mexico in 2010, using the ultimate renewable __22__: human hair, of which there is an unlimited supply. Since its founding in 1998, Matter of Trust has

collected donations of human hair and animal fur to ___23___ the
thousands of oil spills that happen each year. The hair and fur are made
into mats and brooms and sent to ___24___ waters to absorb the oil.

　　Across the United States each day, 300,000 pounds of hair and fur
are cut. Matter of Trust is helping organize the collection of this ___25___
hair and fur through thousands of salons, pet groomers, and ranchers.
Individuals can also speak to local hair stylists and pet groomers about
sending in leftover hair and fur.

21. (A) For　　　　　(B) While　　　　(C) In case　　(D) As long as
22. (A) equipment　(B) ingredient　(C) product　　(D) resource
23. (A) get away with　　　　　　　(B) clean up after
　　(C) run out of　　　　　　　　(D) look down upon
24. (A) pollute　　(B) polluting　(C) polluted　(D) pollution
25. (A) unneeded　(B) overthrown　(C) excluded　(D) disconnected

第 26 至 30 題為題組

　　You must have had this kind of experience: While in the middle of
a normal dream, you suddenly realize that you are dreaming. This kind
of dream is called a "lucid dream." The term "lucid" means *clear*; lucid
dreamers know that they are dreaming and ___26___ they are dreaming
of. It is different from daydreaming. When a person is having a lucid
dream, the person's body is ___27___; when a person daydreams, his/her
body is awake. Thus, daydreams are really just waking thoughts. In
lucid dreams, however, we are completely immersed in the dream world.

　　Yet, lucid dreaming is ___28___ just having a clear dream. It is your
chance to play around with the extraordinary abilities buried in unused
parts of your brain. ___29___, it is a way for you to put the deepest areas
of your brain to good use while you're sleeping. You can be an everyday
Jane Doe or John Smith while awake but a superhero while sleeping,
___30___ who you are in real life. All the obstacles of reality can be set
aside and you are able to accomplish tasks that you could never manage
in waking reality.

26. (A) what   (B) why   (C) when   (D) which

27. (A) apart   (B) absent   (C) alone   (D) asleep

28. (A) related to   (B) aside from   (C) more than   (D) nothing but

29. (A) In other words   (B) By no means
    (C) At any cost   (D) On the contrary

30. (A) such as   (B) regardless of
    (C) with respect to   (D) on behalf of

三、文意選填（占 10 分）

說明： 第 31 題至第 40 題，每題一個空格，請依文意在文章後所提供的 (A) 到 (J) 選項中分別選出最適當者，並將其英文字母代號畫記在答案卡之「選擇題答案區」。各題答對者，得 1 分；答錯、未作答或畫記多於一個選項者，該題以零分計算。

第 31 至 40 題為題組

    Fortune cookies, commonly served after meals at Chinese restaurants in the U.S., are characterized by a fortune, which is written on a small piece of paper tucked inside the cookie. There are several __31__ stories about the origin of the fortune cookie. None of them, however, has been proven to be entirely true.

    One of these stories __32__ the cookie's origin back to 13th- and 14th-century China, which was then occupied by the Mongols. According to the legend, notes of __33__ plans for a revolution to overthrow the Mongols were hidden in mooncakes that would ordinarily have been stuffed with sweet bean paste. The revolution turned out to be __34__ and eventually led to the formation of the Ming Dynasty. This story may sound highly credible, but there seems to be no solid evidence that it inspired the creation of the __35__ we know of today as fortune cookies.

    Another __36__ claims that David Jung, a Chinese immigrant living in Los Angeles, created the fortune cookie in 1918. Concerned about the poor people he saw wandering near his shop, he made cookies and passed them out free on the streets. Each cookie ___37___ a strip of paper inside with an inspirational Bible quotation on it.

However, the more generally accepted story is that the fortune cookie first ___38___ in either 1907 or 1914 in San Francisco, created by a Japanese immigrant, Makoto Hagiwara. The fortune cookie was based on a Japanese snack, but Hagiwara sweetened the recipe to appeal to American ___39___. He enclosed thank-you notes in the cookies and served them to his guests with tea. Within a few years, Chinese restaurant owners in San Francisco had copied the recipe and ___40___ the thank-you notes with fortune notes. Such fortune cookies became common in Chinese restaurants in the U.S. after World War II.

(A) account	(B) appeared	(C) competing	(D) contained
(E) replaced	(F) secret	(G) successful	(H) tastes
(I) traces	(J) treats		

四、閱讀測驗（占 32 分）

說明： 第 41 題至第 56 題，每題請分別根據各篇文章之文意選出最適當的一個選項，請畫記在答案卡之「選擇題答案區」。各題答對者，得 2 分；答錯、未作答或畫記多於一個選項者，該題以零分計算。

第 41 至 44 題為題組

For more than two hundred years, the White House has stood as a symbol of the United States Presidency, the U.S. government, and the American people. In 1790, President George Washington declared that the federal government would reside in a district "not exceeding ten miles square … on the river Potomac." As preparations began, a competition was held to find a builder of the "President's House." Nine proposals were submitted, and the Irish-born architect James Hoban won the gold medal for his practical and handsome design. Construction began when the first cornerstone was laid in October of 1792. Although President Washington oversaw the construction of the house, he never lived in it.

It was not until 1800, when the White House was nearly completed, that its first residents, President John Adams and his wife Abigail, moved in.

American presidents can express their individual style in how they decorate the house and in how they receive the public.　Thomas Jefferson held the first inaugural open house in 1805; many of those who attended the swearing-in ceremony at the U.S. Capitol simply followed him home. President Jefferson also opened the house for public tours, and it has remained open, except during wartime, ever since.　In addition, Jefferson welcomed visitors to annual receptions on New Year's Day and on the Fourth of July.　Abraham Lincoln did the same, but then the inaugural crowds became far too large for the White House to accommodate comfortably, and this also created a security issue.　It was not until Grover Cleveland's first presidency that some effective crowd control measures were implemented to address the problem caused by **this practice**.

At various times in history, the White House has been known as the "President's Palace," the "President's House," and the "Executive Mansion."　President Theodore Roosevelt officially gave the White House its current name in 1901.

41. What is this passage mainly about?
    (A) The design of the White House.
    (B) The location of the White House.
    (C) The importance of the White House.
    (D) The history of the White House.

42. What does "**this practice**" refer to in the second paragraph?
    (A) Holding an inaugural open house.
    (B) Accommodating the crowds comfortably.
    (C) Decorating the White House.
    (D) Joining in the swearing-in ceremony.

43. Who initiated the construction of the White House?
    (A) John Adams.　　　　　　(B) James Hoban.
    (C) George Washington.　　(D) Thomas Jefferson.

44. According to the passage, which of the following is **NOT** true about the White House?
    (A) The White House has had several names.
    (B) The designer of the White House was an American president.
    (C) People were not allowed to visit the White House during wartime.
    (D) The White House is located in a district not larger than ten miles square.

第 45 至 48 題爲題組

　　West Nile is a tropical disease that begins in birds, which pass it on to mosquitoes that then go on to infect human beings with a bite. Most people who contract West Nile do not experience any symptoms at all, but, if they do, symptoms typically develop between 3 to 14 days after a mosquito bite. About 1 in 5 persons suffers fever, headaches, and body aches, usually lasting a week or so. A far less lucky 1 in 150 experiences high fever, tremors, paralysis, and coma. Some—especially the elderly and those with weak immune systems—die.

　　That is what made the major outbreaks of West Nile in the U.S. in the summer of 2012 so scary. The situation was particularly bad in Dallas, Texas, where the West Nile virus killed 10 people and sickened more than 200. The city declared a state of emergency and began aerial spraying of a pesticide to kill the mosquitoes, even though residents argued that the pesticide could be more dangerous than the disease.

　　Why was the summer of 2012 so hospitable to the West Nile virus and the mosquitoes that carry it? Blame the weather. An extremely mild winter allowed more mosquitoes than usual to survive, while the unusually high temperatures in that scorching summer further increased their number by speeding up their life cycle. The economic crisis may have also played a role: Homeowners who were not able to pay their bank loans were forced to abandon their properties, sometimes leaving behind swimming pools that made excellent mosquito breeding grounds.

The severity of tropical diseases is also a matter of whether governments are capable—and willing—to defend their populations against infections. Dallas County was not doing some of the key things to slow the spread of West Nile, such as testing dead birds and setting mosquito traps to test for the presence of the disease. Tropical infections are thus as much related to government inaction as they are to climate.

45. What is this passage mainly about?
    (A) West Nile and methods to fight it.
    (B) West Nile and governmental efficiency.
    (C) West Nile and the conditions its virus thrives in.
    (D) West Nile and its relation to tropical diseases.

46. Which of the following statements is true about West Nile?
    (A) Its symptoms usually appear within two weeks.
    (B) It is spread through air and water in tropical areas.
    (C) Over 20% of people who contract it will suffer severe symptoms.
    (D) It comes from direct human contact with birds infected with the virus.

47. What did Dallas County do to fight off West Nile?
    (A) They sprayed pesticide from the air.
    (B) They asked citizens to stay away from dead birds.
    (C) They encouraged citizens to get vaccinations.
    (D) They drained the swimming pools in the county.

48. Which of the following is a reason why Dallas was hit most seriously in the U.S. in 2012?
    (A) The increasing population in Texas raised the risk of contracting the disease.

(B) The government did not issue a warning about the disease in time.

(C) The residents worried about the county's decision and action.

(D) The weather of the previous winter was not as cold as usual.

第 49 至 52 題爲題組

Most parts of Taiwan have access to sufficient supplies of fresh water for drinking. But fresh water can be in short supply in many **arid** regions of the world such as Saudi Arabia, where there are limited water resources. As the world population continues to grow, shortages of fresh water will occur more often and the need for additional water supplies will become critical. Some may ask, "Since the ocean covers more than 70 percent of the Earth, why not just get drinking water from the ocean?"

To turn seawater into fresh water, we need to remove the salt in seawater, that is, to desalinate seawater. The problem is that the desalination of water requires a lot of energy. Salt dissolves very easily in water, forming strong chemical bonds, and those bonds are difficult to break. The energy and technology to desalinate water are both expensive, and this means that desalinating water can be costly.

There are environmental costs of desalination as well. Sea life can get sucked into desalination plants, killing small ocean creatures like baby fish and plankton, upsetting the food chain. Also, there is the problem of what to do with the separated salt, which is left over as a very concentrated brine. Pumping this super-salty water back into the ocean can harm local aquatic life. Reducing these impacts is possible, but it adds to the costs.

Despite the economic and environmental hurdles, desalination is becoming increasingly attractive as human beings are using up fresh water from other sources. At present, desalinating seawater is the only viable way to provide water to growing populations in rural areas of the

Middle East and North Africa. Therefore, the race is on to find a cheaper, cleaner, and more energy-efficient way of desalinating seawater, and promising new findings are being reported.

49. Which of the following is closest in meaning to "**arid**" in the first paragraph?
(A) Occupied.　　(B) Isolated.　　　(C) Dry.　　　　　　(D) Remote.

50. What is the second paragraph mainly about?
(A) The high cost of desalinating seawater.
(B) The major chemical characteristics of seawater.
(C) The urgent need to turn seawater into fresh water.
(D) The amount of energy produced in the desalination of seawater.

51. According to the passage, which of the following statements is true?
(A) Mixing salt with water is not as easy as removing salt from seawater.
(B) Desalinating seawater may kill some sea creatures and disturb the food chain.
(C) Covering 70% of the Earth, the ocean has always satisfied human needs for water.
(D) The increasing population in Saudi Arabia has resulted in shortages of fresh water.

52. Which of the following best describes the author's attitude toward the future of desalination?
(A) Amazed.　　(B) Doubtful.　　(C) Conservative.　　(D) Hopeful.

第 53 至 56 題為題組

　　Four millennia ago, an ancient Babylonian wrote down what is possibly the first lullaby. It is a rather threatening lullaby, in which the baby is scolded for disturbing the house god with its crying and warned of terrifying consequences. It may have got the baby to sleep, but its message is far from comforting: If he/she does not stop crying, the demon will eat him/her. This lullaby may sound more scary than sleep-inducing, yet it is true that many lullabies—including those sung today—have dark **undertones**.

Research has shown that lullabies, when used correctly, can soothe and possibly even help to heal an infant; but it is the caretaker's voice and the rhythm and melody of the music that babies respond to, not the content of the song. Then, what is the function of the content? According to studies, some lullabies provide advice, like the Babylonian lullaby, and quite a few others offer the space to sing the unsung, say the unsayable. Lyrics to those lullabies can indeed be interpreted as a reflection of the caregiver's emotions.

Researchers believe that a large part of the function of lullabies is to help a mother vocalize her worries and concerns. The mother's fear of loss especially makes sense since the infant/toddler years of life are fragile ones. Since there is a special physical bond between mother and child during this period, mothers feel they can sing to their child about their own fears and anxieties. Lullabies, therefore, serve as therapy for the mother. In addition, the songs are seemingly trying to work some magic—as if, by singing, the mother is saying, "Sadness has already touched this house; no need to come by again."

53. Which of the following titles best describes the main idea of this passage?
    (A) The Origin of Lullabies
    (B) The Functions of Lullabies
    (C) Threatening Lullabies
    (D) Sleep-Inducing Lullabies

54. Which of the following is closest in meaning to the word "**undertones**" in the first paragraph?
    (A) Consequences.   (B) Vocals.
    (C) Whispers.   (D) Messages.

55. What does the author use to support the idea that lullabies can have a soothing effect?
    (A) Research reports.　　　　　(B) Examples found in history.
    (C) Stories of caretakers.　　　　(D) The author's personal experiences.

56. According to this passage, which of the following statements is true?
    (A) Scary lullabies better help babies fall asleep.
    (B) Mothers prefer to sing lullabies with a joyful melody.
    (C) Lullabies comfort not only the baby but also the mother.
    (D) Babies react to both the music and the lyrics of lullabies.

第貳部份：非選擇題（占 28 分）

說明：　本部分共有二題，請依各題指示作答，答案必須寫在「答案卷」上，
　　　　並標明大題號（一、二）。作答務必使用筆尖較粗之黑色墨水的筆書
　　　　寫，且不得使用鉛筆。

一、中譯英（占 8 分）

說明：　1. 請將以下中文句子譯成正確、通順、達意的英文，並將答案寫在
　　　　　「答案卷」上。
　　　　2. 請依序作答，並標明題號。每題 4 分，共 8 分。

1. 近年來，有越來越多超級颱風，通常造成嚴重災害。

2. 颱風來襲時，我們應準備足夠的食物，並待在室內，若有必要，應迅速
　 移動至安全的地方。

二、英文作文（占 20 分）

說明：　1. 依提示在「答案卷」上寫一篇英文作文。
　　　　2. 文長至少 120 個單詞（words）。

提示：　排隊雖是生活中常有的經驗，但我們也常看到民眾因一時好奇或基於
　　　　嘗鮮心理而出現大排長龍（form a long line）的現象，例如景點初
　　　　次開放或媒體介紹某家美食餐廳後，人們便蜂擁而至。請以此種一窩
　　　　蜂式的「排隊現象」為題，寫一篇英文作文。第一段，以個人、親友
　　　　的經驗或報導所聞為例，試描述這種排隊情形；第二段，說明自己對
　　　　此現象的心得或感想。

107年度學科能力測驗英文科試題詳解

第壹部分：單選題

一、詞彙題：

1. (**C**) Mangoes are a <u>seasonal</u> fruit here in Taiwan; most of them reach their peak of sweetness in July.
   芒果是一種<u>季節性的</u>水果，大部分的芒果在七月時最甜。
   (A) mature〔məˋtʊr〕*adj.* 成熟的　　(B) usual〔ˋjuʒʊəl〕*adj.* 平常的
   (C) *seasonal*〔ˋsiznəl〕*adj.* 季節性的
   (D) particular〔pəˋtɪkjələ〕*adj.* 特別的；格外的
   peak〔pik〕*n.* 最高點；尖端　　sweetness〔ˋswitnɪs〕*n.* 甜美；美味

2. (**A**) Writing term papers and giving oral reports are typical course <u>requirements</u> for college students.
   寫學期報告以及做口頭報告，對大學生而言，是典型的課程<u>要求</u>。
   (A) *requirement*〔rɪˋkwaɪrmənt〕*n.* 要求；必要條件
   (B) technique〔tɛkˋnik〕*n.* 技術；技巧
   (C) situation〔͵sɪtʃʊˋeʃən〕*n.* 狀況
   (D) principle〔ˋprɪnsəpḷ〕*n.* 原則
   term〔tɝm〕*n.* 學期　　oral〔ˋɔrəl〕*adj.* 口頭的
   typical〔ˋtɪpɪkḷ〕*adj.* 典型的　　course〔kors〕*n.* 課程

3. (**B**) If we work hard to <u>fulfill</u> our dreams when we are young, we will not feel that we missed out on something when we get old.
   年輕時，如果我們努力<u>實現</u>夢想，老了以後就不會覺得錯過了某些事。
   (A) distribute〔dɪˋstrɪbjʊt〕*v.* 分配；分送
   (B) *fulfill*〔fʊlˋfɪl〕*v.* 完成；實現
   (C) convince〔kənˋvɪns〕*v.* 說服　　(D) monitor〔ˋmɑnətə〕*v.* 監控
   miss out on 錯過

4. (**C**) Few people will trust you if you continue making <u>hollow</u> promises and never make efforts to keep them.

如果你繼續給予<u>空洞的</u>承諾而不努力去做到，很少人會相信你。

(A) chilly〔'tʃɪlɪ〕*adj.* 寒冷的　　(B) liberal〔'lɪbərəl〕*adj.* 開放的

(C) ***hollow***〔'halo〕*adj.* 中空的；空洞的

(D) definite〔'dɛfənɪt〕*adj.* 明確的

continue〔kən'tɪnju〕*v.* 繼續　　promise〔'pramɪs〕*n.* 約定；承諾

make efforts to V 努力

5. (**C**) Becky <u>twisted</u> her ankle while she was playing tennis last week. Now it still hurts badly.

貝琪上週打網球時<u>扭傷</u>腳踝。現在仍然非常地痛。

(A) slip〔slɪp〕*v.* 滑倒　　　　　(B) dump〔dʌmp〕*v.* 傾倒

(C) ***twist***〔twɪst〕*v.* 扭轉；扭傷　(D) recover〔rɪ'kʌvɚ〕*v.* 復原

ankle〔'æŋkḷ〕*n.* 腳踝

6. (**B**) Research shows that men and women usually think differently. For example, they have quite different <u>beliefs</u> about what marriage means in their life.

研究顯示，男人和女人想的經常不一樣。舉例而言，他們對於婚姻在人生中意味著什麼，有相當不同的<u>意見</u>。

(A) decision〔dɪ'sɪʒən〕*n.* 決定　　(B) ***belief***〔bə'lif〕*n.* 信念；意見

(C) style〔staɪl〕*n.* 風格　　　　　(D) degree〔dɪ'gri〕*n.* 程度

marriage〔'mærɪdʒ〕*n.* 婚姻

7. (**D**) The new manager is very <u>demanding</u>. For instance, the employees are given much shorter deadlines for the same tasks than before.

新來的經理非常<u>嚴苛</u>。舉例來說，在和以前相同的工作，員工被給予更短的期限。

(A) persuasive〔pɚ'swesɪv〕*adj.* 有說服力的

(B) tolerable〔'talərəbḷ〕*adj.* 可容忍的

(C) suspicious〔sə'spɪʃəs〕*adj.* 多疑的

(D) ***demanding***〔dɪ'mændɪŋ〕*n.* 要求多的；嚴苛的

manager〔'mænɪdʒɚ〕*n.* 經理　　employee〔,ɛmplɔɪ'i〕*n.* 員工

deadline〔'dɛd,laɪn〕*n.* 截止日期；最後期限

task〔tæsk〕*n.* 工作

8. (**A**) While the couple were looking <u>anxiously</u> for their missing children, the kids were actually having fun in the woods nearby.

當這對夫婦焦急地尋找他們走失的小孩時，事實上孩子們在附近的森林裡玩得很開心。

(A) ***anxiously*** (ˋæŋkʃəslɪ) *adv.* 焦急地

(B) precisely (prɪˋsaɪslɪ) *adv.* 精確地

(C) evidently (ˋɛvədəntlɪ) *adv.* 顯然地

(D) distinctly (dɪˋstɪŋktlɪ) *adv.* 明白地；清楚地

missing (ˋmɪsɪŋ) *adj.* 找不到的；失蹤的

9. (**D**) After delivering a very powerful speech, the award winner was <u>surrounded</u> by a group of fans asking for her signature.

在發表了非常動人的演說後，得獎者被一群粉絲圍住要求簽名。

(A) deposit (dɪˋpazɪt) *v.* 存放　　(B) reserve (rɪˋzɜv) *v.* 保留；預訂

(C) vanish (ˋvænɪʃ) *v.* 消失　　(D) ***surround*** (səˋraʊnd) *v.* 圍繞

deliver (dɪˋlɪvə) *v.* 發表 (演講)

powerful (ˋpaʊəfəl) *adj.* 強有力的；動人的

award (əˋwɔrd) *n.* 獎項　　fan (fæn) *n.* 迷；粉絲

signature (ˋsɪgnətʃə) *n.* 簽名

10. (**B**) The interviewees were trying very hard to <u>impress</u> the interviewers that they were very capable and should be given the job.

面試者們非常努力地要給面試官留下好印象，覺得他們非常有能力，應該獲得這份工作。

(A) credit (ˋkrɛdɪt) *v.* 相信　　(B) ***impress*** (ɪmˋprɛs) *v.* 留下好印象

(C) relieve (rɪˋliv) *v.* 減輕　　(D) acquire (əˋkwaɪr) *v.* 獲得

interviewee (ˌɪntəvjuˋi) *n.* 被面試者

interviewer (ˋɪntəˌvjuə) *n.* 面試者　　capable (ˋkepəbḷ) *adj.* 有能力的

11. (**C**) After the first snow of the year, the entire grassland disappeared under a <u>blanket</u> of snow.

在今年的第一場雪後，整座草原消失在一大片積雪之下。

(A) flake (flek) *n.* 薄片　　(B) blossom (ˋblɑsəm) *n.* 花；開花

(C) ***blanket*** (ˋblæŋkɪt) *n.* 毛毯　　***a blanket of*** 一大片～

(D) flash (flæʃ) *n.* 閃光

entire〔ɪn'taɪr〕*adj.* 全部的；整個的
grassland〔'græs͵lænd〕*n.* 大草原　　disappear〔͵dɪsə'pɪr〕*v.* 消失

12.(**B**) Peter likes books with wide <u>margins</u>, which provide him with enough
space to write notes.
彼得喜歡<u>書頁旁空白</u>很寬的書，可以提供足夠的空間讓他寫筆記。
(A) angle〔'æŋgl̩〕*n.* 角度
(B) ***margin***〔'mɑrdʒɪn〕*n.* 書頁旁空白
(C) exception〔ɪk'sɛpʃən〕*n.* 例外
(D) limitation〔͵lɪmə'teʃən〕*n.* 限制
provide sb. with sth. 提供某人某物　　space〔spes〕*n.* 空間

13.(**D**) At the beginning of the semester, the teacher told the students that
late assignments would receive a low grade as a <u>penalty</u>.
在學期開始時，老師告訴學生，遲交的作業會得到低分作爲<u>處罰</u>。
(A) hardship〔'hɑrdʃɪp〕*n.* 艱難　　(B) comment〔'kɑmɛnt〕*n.* 評論
(C) bargain〔'bɑrgɪn〕*n.* 討價還價　(D) ***penalty***〔'pɛnl̩tɪ〕*n.* 處罰
semester〔sə'mɛstɚ〕*n.* 學期　　late〔let〕*adj.* 遲到的；遲交的
assignment〔ə'saɪnmənt〕*n.* 作業　　grade〔gred〕*n.* 分數；成績

14.(**A**) Various studies have been <u>conducted</u> in this hospital to explore the
link between a high-fat diet and cancer.
這間醫院一直在<u>進行</u>各種研究，探索高脂肪飲食和癌症之間的關連。
(A) ***conduct***〔kən'dʌkt〕*v.* 進行
(B) confirm〔kən'fɝm〕*v.* 確認；證實
(C) imply〔ɪm'plaɪ〕*v.* 暗示　　(D) improve〔ɪm'pruv〕*v.* 改善
various〔'vɛrɪəs〕*adj.* 各種的　　explore〔ɪk'splor〕*v.* 探索
link〔lɪŋk〕*n.* 關連　　fat〔fæt〕*n.* 脂肪　　diet〔'daɪət〕*n.* 飲食

15.(**C**) Intense, fast-moving fires raged across much of California last week.
The <u>massive</u> firestorm has claimed the lives of thirty people.
在上週，強烈、移動快速的火災肆虐了大半個加州。<u>大規模的</u>大火已
經奪走了三十條人命。
(A) efficient〔ə'fɪʃənt〕*adj.* 有效率的
(B) reliable〔rɪ'laɪəbl̩〕*adj.* 可靠的

(C) *massive* 〔'mæsɪv〕 *adj.* 大量的；大規模的

(D) adequate 〔'ædəkwɪt〕 *adj.* 足夠的；充分的

intense 〔ɪn'tɛns〕 *adj.* 強烈的　　rage 〔redʒ〕 *v.* 肆虐；蔓延

across 〔ə'krɔs〕 *prep.* 橫越；遍及

firestorm 〔'faɪr͵stɔrm〕 *n.* 風暴性大火

claim 〔klem〕 *v.* 奪走（性命）

二、綜合測驗：

第 16 至 20 題為題組

It has long been assumed that creativity is some unusual trait enjoyed by the few. However, according to a wide array of scientific and sociological research, creativity is <u>less</u> a sign of rare genius than a natural human potential.
                                      16
Thus, it can be nurtured and encouraged.

　　長久以來，大家都認為，創造力是只有少數人才能享有的，某種不尋常的特質。然而，根據很多科學和社會學的研究，與其說創造力是種罕見的天才的象徵，不如說是一種人類天生的潛力。因此，它是可以被培養和激發的。

assume 〔ə'sum〕 *v.* 假定；認為　　creativity 〔͵krie'tɪvətɪ〕 *n.* 創造力

some 〔sʌm〕 *adj.* 某種　　trait 〔tret〕 *n.* 特質

enjoy 〔ɪn'dʒɔɪ〕 *v.* 享有　　wide 〔waɪd〕 *adj.* 廣泛的；範圍大的

array 〔ə're〕 *n.* 一大批；大量

sociological 〔͵soʃɪə'lɑdʒɪkl̩〕 *adj.* 社會學的　　sign 〔saɪn〕 *n.* 跡象

rare 〔rɛr〕 *adj.* 罕見的；稀有的　　genius 〔'dʒinjəs〕 *n.* 天才；天賦

natural 〔'nætʃərəl〕 *adj.* 天生的　　potential 〔pə'tɛnʃəl〕 *n.* 潛力

thus 〔ðʌs〕 *adv.* 因此　　nurture 〔'nɝtʃɚ〕 *v.* 養育；培育

encourage 〔ɪn'kɝɪdʒ〕 *v.* 鼓勵；激發

16. (**B**) 依句意，選 (B) *less*。　　*less A than B*　與其說是 A，不如說是 B
　　　　　而 (A) more A than B「與其說是 B，不如說是 A」，在此不合句意。

It is believed that taking breaks from a problem can help <u>spark</u> a moment
                                                              17
of insight or stimulate new ideas. Unconventional solutions can also be explored.

　　一般認為，處理問題時休息一下，能有助於引發具有洞察力的時刻，或刺激新的想法。也可以探索一些特別的解決之道。

break〔brek〕*n.* 休息　　***take a break*** 休息一下
insight〔'ɪn,saɪt〕*n.* 洞察力　　stimulate〔'stɪmjə,let〕*v.* 刺激；激發
unconventional〔,ʌnkən'vɛnʃənḷ〕*adj.* 打破慣例的；不落俗套的
solution〔sə'luʃən〕*n.* 解決之道　　explore〔ɪk'splor〕*v.* 探索

17.(**A**) 依句意，選 (A) ***spark***〔spɑrk〕*v.* 引起；刺激。而 (B) carve〔kɑrv〕*v.*
雕刻，(C) drill〔drɪl〕*v.* 鑽孔；反覆練習，(D) grind〔graɪnd〕*v.* 磨，
則不合句意。

That is why some of the most successful companies in the world, such as 3M
and Google, encourage their employees to take part in all sorts of relaxing
　　　　　　　　　　　　　　　　　　　　　　　　　18
activities, such as playing pinball and wandering about the campus.
那就是為什麼全世界有些非常成功的公司，像是 3M 和 Google，都會鼓勵他們的
員工參加各種令人放鬆的活動，像是玩彈珠台，和在校園裡四處漫步。

sort〔sɔrt〕*n.* 種類　　relaxing〔rɪ'læksɪŋ〕*adj.* 令人放鬆的
pinball〔'pɪn,bɔl〕*n.* 彈珠台
wander〔'wɑndɚ〕*v.* (漫無目的地) 到處走；徘徊
about〔ə'baʊt〕*prep.* 在…到處　　campus〔'kæmpəs〕*n.* 校園

18.(**C**) 依句意，選 (C) ***take part in***「參加」。而 (A) refer to「是指」，
(B) answer for「為…負責」，(D) put up with「忍受」，則不合句意。

During such breaks, the mind turns inward, where it can subconsciously puzzle
　　　　　　　　　　　　　　　　　　　　19
over subtle meanings and connections.
在這樣的休息時間，人就會開始內省，在潛意識中，絞盡腦汁思考一些細微的意
義和關連性。

inward〔'ɪnwɚd〕*adv.* 向內心【turn *one's* thought inward　內省；反省】
subconsciously〔sʌb'kɑnʃəslɪ〕*adv.* 潛意識地
puzzle〔'pʌzḷ〕*v.* 對…傷腦筋 < over >
puzzle over 為…而絞盡腦汁
subtle〔'sʌtḷ〕*adj.* 微妙的；細微的　　connection〔kə'nɛkʃən〕*n.* 關連

19.(**C**) 表地點，關係副詞用 ***where***，選 (C)。在此是指「在內心中」，所以
where 是表「抽象的地點」。

Another way to increase creativity is to take risks.　This is because many breakthroughs come up when people venture <u>beyond</u> their usual routines or
20
areas of expertise.　This can be done by, for example, learning new skills or traveling to new countries.

　　另一個能增加創造力的方法，就是要冒險。這是因為有很多突破，都是人們冒險超越平常的例行公事，或自己專業領域時產生的。例如，藉由學習新的技能，或到新的國家旅行，就能做到這一點。

> risk〔rɪsk〕n. 風險　　**take a risk** 冒險
> breakthrough〔'brek,θru〕n. 突破　　**come up** 發生；產生
> venture〔'vɛntʃɚ〕v. 冒險　　routine〔ru'tin〕n. 例行公事；慣例；常規
> area〔'ɛrɪə〕n. 領域　　expertise〔,ɛkspɚ'tiz〕n. 專業知識

20.（ **D** ）依句意，選 (D) **beyone**〔bɪ'jɑnd〕prep. 超出…之外。

第 21 至 25 題為題組

　　Hair usually gets greasy when it has not been washed because it soaks up oil—hence the need for shampoo!　<u>While</u> this oil-absorbing feature might not
21
always be so great for our hygiene, it *can* be great for the environment.

　　頭髮通常沒有洗，就會變油，因為它會吸油——因此，就需要用洗髮精！雖然這種吸油的特性對我們的衛生未必很好，但它可能對環境很好。

> greasy〔'grizɪ〕adj. 油膩的　　**soak up** 吸收
> hence〔hɛns〕adv. 因此　　shampoo〔ʃæm'pu〕n. 洗髮精
> absorb〔əb'sɔrb〕v. 吸收　　oil-absorbing adj. 吸油的
> feature〔'fitʃɚ〕n. 特性　　**not always** 未必；不一定
> hygiene〔'haɪdʒin〕n. 衛生

21.（ **B** ）依句意，選 (B) **While**「雖然」(= *Though*)。而 (A) For「對於」，
　　　　(C) In case「以防萬一」，(D) As long as「只要」，則不合句意。

　　Matter of Trust, a nonprofit organization, has an innovative solution for removing the large-scale oil spill in the Gulf of Mexico in 2010, using the ultimate renewable <u>resource</u>: human hair, of which there is an unlimited
22
supply.

　　Matter of Trust是個非營利的組織，它們有一個創新的解決方法，能除去2010年在墨西哥灣發生的大規模的漏油，他們使用最好的可再生資源：人類的頭髮，因為頭髮可以無限地供應。

> nonprofit〔'nɑn'prɑfɪt〕*adj.* 非營利的
> organization〔͵ɔrgənə'zeʃən〕*n.* 組織
> innovative〔'ɪnə͵vetɪv〕*adj.* 創新的　　remove〔rɪ'muv〕*v.* 除去
> scale〔skel〕*n.* 規模　　large-scale *adj.* 大規模的
> spill〔spɪl〕*n.* 溢出；流出　　gulf〔gʌlf〕*n.* 海灣
> **the Gulf of Mexico** 墨西哥灣
> ultimate〔'ʌltəmɪt〕*adj.* 最終的；最好的；終極的
> renewable〔rɪ'njuəbḷ〕*adj.* 可更新的
> unlimited〔ʌn'lɪmɪtɪd〕*adj.* 無限的
> supply〔sə'plaɪ〕*n.* 供給；供應

22. (**D**) 依句意，選 (D) *resource*〔rɪ'sors〕*n.* 資源。而 (A) equipment〔ɪ'kwɪpmənt〕*n.* 設備，(B) ingredient〔ɪn'gridɪənt〕*n.* 原料；材料，(C) product〔'prɑdʌkt〕*n.* 產品，則不合句意。

Since its founding in 1998, Matter of Trust has collected donations of human hair and animal fur to <u>clean up after</u> the thousands of oil spills that happen
　　　　　　　　　　　　　　　　　23
each year. The hair and fur are made into mats and brooms and sent to
<u>polluted</u> waters to absorb the oil.
24

自從 Matter of Trust 於1998年創立以來，一直在收集了大家捐贈的人類頭髮及動物的皮毛，以在每年發生數千起的漏油事件後，去清理乾淨。這些頭髮和皮毛被製成墊子和掃帚，然後就送去受污染的水域吸油。

> found〔faʊnd〕*v.* 建立　　donation〔do'neʃən〕*n.* 捐贈
> fur〔fɝ〕*n.* 毛皮　　mat〔mæt〕*n.* 墊子
> broom〔brum〕*n.* 掃帚　　waters〔'wɔtɚz〕*n. pl.* 水域

23. (**B**) 依句意，選 (B) *clean up after*。　**clean up** 清理乾淨
　　　　而 (A) get away with「不受處罰地做（壞事）」，(C) run out of
　　　　「用完」，(D) look down upon「輕視；瞧不起」，則不合句意。

24. (**C**) 依句意，選 (C) *polluted*〔pə'lutɪd〕*adj.* 受污染的。

Across the United States each day, 300,000 pounds of hair and fur are cut. Matter of Trust is helping organize the collection of this <u>unneeded</u> hair
25
and fur through thousands of salons, pet groomers, and ranchers. Individuals can also speak to local hair stylists and pet groomers about sending in leftover hair and fur.

每天在全美國，都有三十萬磅的頭髮和毛皮被剪下來。Matter of Trust 正在協助規劃，從數以千計的美容院、寵物美容師，和牧場主人那裡，收集這些不需要的頭髮和毛皮。個人也可以跟當地的美髮師和寵物美容師說，要捐贈剩餘的頭髮和毛皮。

across〔ə'krɔs〕 prep. 遍及　　organize〔'ɔrgən,aɪz〕 v. 組織；籌劃
collection〔kə'lɛkʃən〕 n. 收集　　through〔θru〕 prep. 通過；藉由
salon〔sə'lɑn〕 n. 沙龍；美容院　　groom〔grum〕 v. 給…梳理毛髮
pet groomer 寵物美容師　　rancher〔'ræntʃɚ〕 n. 牧場主人
individual〔,ɪndə'vɪdʒʊəl〕 n. 個人　　local〔'lokl〕 adj. 當地的
hair stylist 美髮師　　**send in** 遞送；提交
leftover〔'lɛft,ovɚ〕 adj. 殘餘的；剩餘的

25.（**A**） 依句意，選 (A) **unneeded**〔ʌn'nidɪd〕 adj. 不需要的。而 (B) overthrown
〔,ovɚ'θron〕 adj. 被推翻的，(C) excluded〔ɪk'skludɪd〕 adj. 被排除的，
(D) disconnected〔,dɪskə'nɛktɪd〕 adj. 分離的；不連貫的，則不合句意。

第 26 至 30 題為題組

You must have had this kind of experience: While in the middle of a normal dream, you suddenly realize that you are dreaming. This kind of dream is called a "lucid dream." The term "lucid" means *clear*; lucid dreamers know that they are dreaming and <u>what</u> they are dreaming of. It is different from daydreaming.
26

你一定有過這種經驗：當你做一般的夢，做到一半，突然知道自己正在做夢。這種夢就叫作 "lucid dream"（清醒夢）。lucid 這個用語的意思是「清楚的」；做清醒夢的人知道自己正在做夢，以及他們夢見了什麼。這和做白日夢不一樣。

middle〔'mɪdl〕 n. 中間　　normal〔'nɔrml〕 adj. 正常的；普通的
suddenly〔'sʌdn̩lɪ〕 adv. 突然地
lucid〔'lusɪd〕 adj. 清澈的；透明的；清醒的
lucid dream 清醒夢　　term〔tɜm〕 n. 名詞；用語
daydream〔'de,drim〕 v. 做白日夢　　n. 白日夢

26. (**A**) 依句意，知道自己夢到了「什麼」，選 (A) *what*。

When a person is having a lucid dream, the person's body is <u>asleep</u>; when a
　　　　　　　　　　　　　　　　　　　　　　　　　　　　　27
person daydreams, his/her body is awake.　Thus, daydreams are really just
waking thoughts.　In lucid dreams, however, we are completely immersed in
the dream world.

當一個人做清醒夢時，身體是睡著的；當一個人在做白日夢時，他或她的身體是
醒著的。因此，白日夢其實是清醒時的想法。然而，在清醒夢當中，我們完全沈
浸在夢的世界裡。

awake〔ə'wek〕*adj.* 醒著的　　　thus〔ðʌs〕*adv.* 因此
waking〔'wekɪŋ〕*adj.* 醒著的；醒著時的
completely〔kəm'plitlɪ〕*adv.* 完全地
immerse〔ɪ'mɝs〕*v.* 使沈浸於；使專心於

27. (**D**) 依句意，選 (D) *asleep*〔ə'slip〕*adj.* 睡著的。而 (A) apart〔ə'part〕*adj.*
分開的，(B) absent〔'æbsn̩t〕*adj.* 缺席的，(C) alone〔ə'lon〕*adj.* 獨自
的，則不合句意。

Yet, lucid dreaming is <u>more than</u> just having a clear dream.　It is your
　　　　　　　　　　　　　28
chance to play around with the extraordinary abilities buried in unused parts of
your brain.

但是，做清醒夢不只是做了一個清楚的夢。這是你的機會，可以隨意運用在
你的大腦中，那些未經使用的部份所埋藏的特殊能力。

yet〔jɛt〕*adv.* 但是　　　***play around*** 隨意擺弄；亂弄
extraordinary〔ɪk'strɔrdn̩‚ɛrɪ〕*adj.* 不尋常的；特別的
bury〔'bɛrɪ〕*v.* 埋葬；埋藏

28. (**C**) 依句意，選 (C) ***more than*** 「不只是」。而 (A) related to 「和…有關的」，
(B) aside from 「除了…之外」，(D) nothing but 「只是」(= *only*)，均
不合句意。

<u>In other words</u>, it is a way for you to put the deepest areas of your brain to
　　29
good use while you're sleeping.　You can be an everyday Jane Doe or John

Smith while awake but a superhero while sleeping, <u>regardless of</u> who you are
                                                                    30
in real life. All the obstacles of reality can be set aside and you are able to
accomplish tasks that you could never manage in waking reality.

換句話說，它是一種能讓你在睡著時，善用你腦中最深層部份的機會。你可能在
清醒時，是平凡的張三或李四，但在睡著時，卻是個超級英雄，無論你在真實生
活中是什麼身份。所有現實中的阻礙都可以被排除，讓你能夠完成，在醒著時的
現實生活中，絕對無法應付的任務。

> ***put…to good use*** 善用　　everyday〔ˈɛvrɪ͵de〕*adj.* 日常的；平凡的
>
> Jane Doe〔ˈdʒenˈdo〕*n.*【法律】某女【在判決書等對身分不明女子所使用的
> 　假想名，不明男子則用 John Doe（某男）】
>
> John Smith〔ˈdʒɑnˈsmɪθ〕*n.* 約翰‧史密斯
>
> obstacle〔ˈɑbstəkḷ〕*n.* 阻礙　　reality〔rɪˈæˈlətɪ〕*n.* 現實
>
> ***set aside*** 將…擱置；忽視；排除
>
> accomplish〔əˈkɑmplɪʃ〕*v.* 完成　　manage〔ˈmænɪdʒ〕*v.* 應付

29. (**A**) 依句意，選 (A) ***In other words***「換句話說」。而 (B) By no means「絕
　　不」，(C) At any cost「無論如何」，(D) On the contrary「相反地」，則
　　不合句意。

30. (**B**) 依句意，選 (B) ***regardless of***「不管；不論」。而 (A) such as「像是」，
　　(C) with respect to「關於」，(D) on behalf of「代表」，則不合句意。

三、文意選填：

<u>第 31 至 40 題為題組</u>

　　Fortune cookies, commonly served after meals at Chinese restaurants in
the U.S., are characterized by a fortune, which is written on a small piece of
paper tucked inside the cookie. There are several [31.] **(C) competing** stories
about the origin of the fortune cookie. None of them, however, has been
proven to be entirely true.

　　幸運餅乾，通常是在美國的中國餐廳飯後會供應的，它的特色是有張被塞在
餅乾裡的小紙條，上面會寫著你將來的命運。關於幸運餅乾的起源，有好幾個互
相競爭的故事。然而，沒有一個是經過證實，完全正確的。

> fortune〔ˈfɔrtʃən〕*n.* 運氣；幸運　　cookie〔ˈkʊkɪ〕*n.* 餅乾
>
> commonly〔ˈkɑmənlɪ〕*adv.* 通常　　serve〔sɝv〕*v.* 供應；端出

meal〔mil〕*n.* 一餐　　characterize〔ˈkærɪktəˌraɪz〕*v.* 以…為特色
be characterized by 特色是　　tuck〔tʌk〕*v.* 塞進
competing〔kəmˈpitɪŋ〕*adj.* 對抗的；競爭的
origin〔ˈɔrədʒɪn〕*n.* 起源　　prove〔pruv〕*v.* 證明
entirely〔ɪnˈtaɪrlɪ〕*adv.* 完全地

One of these stories [32.] **(I) traces** the cookie's origin back to 13th- and 14th-century China, which was then occupied by the Mongols. According to the legend, notes of [33.] **(F) secret** plans for a revolution to overthrow the Mongols were hidden in mooncakes that would ordinarily have been stuffed with sweet bean paste.

其中有個故事，是將幸運餅乾的起源，追溯至十三、十四世紀的中國，當時中國被蒙古人佔領。根據傳說，寫有要革命，以推翻蒙古人的祕密計劃的紙條，被藏在通常是以豆沙為內餡的月餅中。

trace…back to 將…追溯到　　century〔ˈsɛntʃərɪ〕*n.* 世紀
occupy〔ˈɑkjəˌpaɪ〕*v.* 佔據　　Mongol〔ˈmɑŋgəl〕*n.* 蒙古人
legend〔ˈlɛdʒənd〕*n.* 傳說　　note〔not〕*n.* 紙條
secret〔ˈsikrɪt〕*adj.* 祕密的　　revolution〔ˌrɛvəˈluʃən〕*n.* 革命
overthrow〔ˌovəˈθro〕*v.* 推翻　　hide〔haɪd〕*v.* 隱藏
mooncake〔ˈmunˌkek〕*n.* 月餅　　ordinarily〔ˈɔrdṇˌɛrəlɪ〕*adv.* 通常
stuff〔stʌf〕*v.* 填塞　　bean〔bin〕*n.* 豆子
paste〔pest〕*n.* 糊狀物　　*sweet bean paste* 豆沙

The revolution turned out to be [34.] **(G) successful** and eventually led to the formation of the Ming Dynasty. This story may sound highly credible, but there seems to be no solid evidence that it inspired the creation of the [35.] **(J) treats** we know of today as fortune cookies.

那場革命結果成功了，而且最後建立了明朝。這個故事可能聽起來可信度很高，但似乎沒有確實的證據證明，它提供了靈感，創造我們現在所知道的，好吃的幸運餅乾。

turn out 結果　　eventually〔ɪˈvɛntʃuəlɪ〕*adv.* 最後
lead to 導致；造成　　formation〔fɔrˈmeʃən〕*n.* 形成；成立
dynasty〔ˈdaɪnəstɪ〕*n.* 朝代　　*Ming Dynasty* 明朝
highly〔ˈhaɪlɪ〕*adv.* 高度地；非常　　credible〔ˈkrɛdəbḷ〕*adj.* 可信的
solid〔ˈsɑlɪd〕*adj.* 充分的；確實的　　evidence〔ˈɛvədəns〕*n.* 證據

inspire〔ɪn'spaɪr〕v. 激勵；給予靈感　　creation〔krɪ'eʃən〕n. 創造

treat〔trit〕n. 好吃的東西　　***know of*** 知道

Another ⁣^{36.}**(A)** account claims that David Jung, a Chinese immigrant living in Los Angeles, created the fortune cookie in 1918. Concerned about the poor people he saw wandering near his shop, he made cookies and passed them out free on the streets. Each cookie ^{37.}**(D)** contained a strip of paper inside with an inspirational Bible quotation on it.

　　另一個說法宣稱，鍾大衛，一位住在洛杉磯的中國移民，於 1918 年發明了幸運餅乾。他看到在他商店附近徘徊的窮人很擔心，所以就做了餅乾，在街上免費分發。每個餅乾裡面都附有一張紙條，上面有一句引用自聖經，激勵人心的話。

account〔ə'kaʊnt〕n. 說法　　claim〔klem〕v. 宣稱

immigrant〔'ɪməgrənt〕n. 移民　　***be concerned about*** 擔心

wander〔'wɑndɚ〕v. 徘徊　　***pass out*** 分配；分發

free〔fri〕adv. 免費地　　contain〔kən'ten〕v. 包含

strip〔strɪp〕n. 細長的一條　　***a strip of paper*** 一張紙條

inspirational〔ˌɪnspə'reʃən̩〕adj. 激勵人心的

Bible〔'baɪbl̩〕n. 聖經　　quotation〔kwo'teʃən〕n. 引用文；引用句

However, the more generally accepted story is that the fortune cookie first ^{38.}**(B)** appeared in either 1907 or 1914 in San Francisco, created by a Japanese immigrant, Makoto Hagiwara. The fortune cookie was based on a Japanese snack, but Hagiwara sweetened the recipe to appeal to American ^{39.}**(H)** tastes. He enclosed thank-you notes in the cookies and served them to his guests with tea.

　　然而，比較普遍被接受的故事，就是幸運餅乾最初出現在 1907 或 1914 年的舊金山，是由一位日本的移民萩原眞創造的，他以一種日本的點心為基礎，但使它比原本的做法更甜，以迎合美國人的口味。他在餅乾裡附上感謝函，並搭配茶端給他的客人。

generally〔'dʒɛnərəlɪ〕adv. 普遍地　　accept〔ək'sɛpt〕v. 接受

appear〔ə'pɪr〕v. 出現　　San Francisco〔ˌsæn frən'sɪsko〕n. 舊金山

Makoto Hagiwara〔mɑ'koto hɑgɪ'wɑrɑ〕n. 萩原眞

be based on 以…為基礎；根據　　snack〔snæk〕n. 點心

sweeten〔'switn̩〕v. 使變甜　　recipe〔'rɛsəpɪ〕n. 食譜；烹飪法

appeal to 吸引；迎合　　taste〔test〕n. 愛好；口味

enclose〔ɪn'kloz〕v. 附上　　***thank-you note*** 感謝函

Within a few years, Chinese restaurant owners in San Francisco had copied the recipe and $^{40.}$ (E) replaced the thank-you notes with fortune notes. Such fortune cookies became common in Chinese restaurants in the U.S. after World War II.

幾年內，舊金山中國餐廳的老闆，都仿照這個食譜，並將感謝函換成幸運籤語。在第二次世界大戰後，這種幸運餅乾就在美國的中國餐廳變得很普遍。

> within〔wɪˈðɪn〕 *prep.* 在…之內　　copy〔ˈkɑpɪ〕 *v.* 模仿
> replace〔rɪˈples〕 *v.* 取代　　common〔ˈkɑmən〕 *adj.* 常見的
> ***World War II*** 第二次世界大戰

四、閱讀測驗：

第 41 至 44 題為題組

　　For more than two hundred years, the White House has stood as a symbol of the United States Presidency, the U.S. government, and the American people. In 1790, President George Washington declared that the federal government would reside in a district "not exceeding ten miles square … on the river Potomac." As preparations began, a competition was held to find a builder of the "President's House." Nine proposals were submitted, and the Irish-born architect James Hoban won the gold medal for his practical and handsome design. Construction began when the first cornerstone was laid in October of 1792. Although President Washington oversaw the construction of the house, he never lived in it. It was not until 1800, when the White House was nearly completed, that its first residents, President John Adams and his wife Abigail, moved in.

　　兩百多年來，白宮已經成為美國總統職位、美國政府和美國人民的象徵。1790 年，喬治‧華盛頓總統宣布聯邦政府將駐在「波多馬克河上不超過 10 英哩見方的」一個地區。在籌備工作開始時，舉行了一場以尋找「總統府」建設者的競賽。九項建築提案被呈遞，愛爾蘭出生的建築師詹姆斯‧賀本贏得金牌，因為他的設計兼具實用和帥氣。在 1792 年 10 月奠定了第一塊基石時，工程就開始了。儘管華盛頓總統監督房子的建造，但他從來沒有住過。直到 1800 年，當白宮近乎完工時，白宮的第一位住民，約翰‧亞當斯總統和他的妻子愛比嘉兒才搬進來。

> ***the White Hose*** 白宮　　stand〔stænd〕 *v.* 處於（…的狀態）
> symbol〔ˈsɪmbl̩〕 *n.* 象徵

presidency (ˈprɛzədənsɪ) *n.* 美國總統職位（職權、任期）
declare (dɪˈklɛr) *v.* 宣告；聲明
federal (ˈfɛdərəl) *adj.* 美國聯邦政府的；國家的
reside (rɪˈzaɪd) *v.* 居住；駐在　　district (ˈdɪstrɪkt) *n.* 地區
exceed (ɪkˈsid) *v.* 超過　　square (skwɛr) *adj.* 見方的
Potomac (pəˈtomæk) *n.* 波多馬克河
preparation (ˌprɛpəˈreʃən) *n.* （具體的）準備工作；準備措施
proposal (prəˈpozḷ) *n.* 計畫；提案　　submit (səbˈmɪt) *v.* 提交；呈遞
architect (ˈɑrkəˌtɛkt) *n.* 建築師　　medal (ˈmɛdḷ) *n.* 獎牌
construction (kənˈstrʌkʃən) *n.* 建設；建造
cornerstone (ˈkɔrnɚˌston) *n.* 基石；地基
oversee (ˈovɚˈsi) *v.* 監督；管理　　resident (ˈrɛzədənt) *n.* 居民
Abigail (ˈæbɪˌgel) *n.* 愛比嘉兒

American presidents can express their individual style in how they decorate the house and in how they receive the public. Thomas Jefferson held the first inaugural open house in 1805; many of those who attended the swearing-in ceremony at the U.S. Capitol simply followed him home. President Jefferson also opened the house for public tours, and it has remained open, except during wartime, ever since. In addition, Jefferson welcomed visitors to annual receptions on New Year's Day and on the Fourth of July. Abraham Lincoln did the same, but then the inaugural crowds became far too large for the White House to accommodate comfortably, and this also created a security issue. It was not until Grover Cleveland's first presidency that some effective crowd control measures were implemented to address the problem caused by **this practice**.

　　美國總統可以裝飾白宮和接待公眾的方式上，表現出他們的個人風格。湯瑪士・傑佛遜於 1805 年舉辦了就職開放參觀日；許多去參加美國國會大廈的宣誓儀式的人，就跟著他回家。傑佛遜總統也開放公眾參觀白宮，除了在戰時之外，它從那時就一直保持開放。此外，傑佛遜歡迎遊客參加元旦和七月四日的年會。亞伯拉罕・林肯也是這樣做的，但是參加就職的人群變得太多，而讓白宮難以容納，這也造成了安全問題。直到格羅佛・克里夫蘭的第一任總統任期，才實施了一些有效控制人群的措施，來解決這一慣例所造成的問題。

individual (ˌɪndəˈvɪdʒuəl) *adj.* 個人的　　receive (rɪˈsiv) *v.* 接待
inaugural (ɪnˈɔgjərəl) *adj.* 就任的　　***open house*** 開放參觀日

swear in 使某人宣誓　　ceremony〔'sɛrə,monɪ〕*n.* 儀式；典禮
swearing-in ceremony 宣誓儀式　　Capitol〔'kæpətḷ〕*n.* 美國國會大廈
remain〔rɪ'men〕*v.* 保持；仍是
annual〔'ænjuəl〕*adj.* 每年的；一年一次的
reception〔rɪ'sɛpʃən〕*n.* 接待會；歡迎會；宴會
accommodate〔ə'kɑmə,det〕*v.* 容納
comfortably〔'kʌmfətəblɪ〕*adv.* 寬裕地；舒適地
security〔sɪ'kjurətɪ〕*n.* 安全　　issue〔'ɪʃju〕*n.* 問題；爭議
Grover Cleveland〔'grovə'klivlənd〕*n.* 格羅佛・克里夫蘭【美國第22、
　24任總統】　　effective〔ɪ'fɛktɪv〕*adj.* 有效的
measure〔'mɛʒə〕*n.* 措施　　implement〔'ɪmplə,mɛnt〕*v.* 實施；執行
address〔ə'drɛs〕*v.* 對付；解決（＝*deal with*）
practice〔'præktɪs〕*n.* 習慣；常規；慣例

　　At various times in history, the White House has been known as the
"President's Palace," the "President's House," and the "Executive Mansion."
President Theodore Roosevelt officially gave the White House its current
name in 1901.

　　在歷史上不同的時期，白宮被稱爲「總統官邸」、「總統府」和「行政大廈」。
1901年，狄奧多・羅斯福總統正式將白宮當作其現行的名稱。

　　various〔'vɛrɪəs〕*adj.* 各種的　　*be known as* 被稱爲；以…爲名
　　palace〔'pælɪs〕*n.* 皇宮；宅邸
　　executive〔ɪg'zɛkjutɪv〕*adj.* 行政上的；行政部門的
　　mansion〔'mænʃən〕*n.* 大廈；大樓
　　Theodore Roosevelt〔'θiə,dor 'rozə,vɛlt〕*n.* 狄奧多・羅斯福【美國第
　　26任總統】　　current〔'kзənt〕*adj.* 當前的；現行的

41.（**D**）本文主要是關於什麼？
　　(A) 白宮的設計。　　　　　　　(B) 白宮的位置。
　　(C) 白宮的重要性　　　　　　　(D) 白宮的歷史。

42.（**A**）第二段的 **"this practice"** 指的是什麼？
　　(A) 舉行就職開放參觀日。　　(B) 舒適地容納人群。
　　(C) 裝飾白宮。　　　　　　　(D) 參加宣誓儀式。
　　refer to 是指　　＊practice 是「慣例」，(B) 不是慣例。

43. (**C**) 誰開始建造白宮？

    (A) 約翰・亞當斯。   (B) 詹姆斯・賀本。

    (C) <u>喬治・華盛頓。</u>   (D) 湯馬士・傑佛遜。

    initiate〔ɪˋnɪʃɪˏet〕v. 開始；創始；開始實施

44. (**B**) 根據文章，以下關於白宮的敘述何者爲非？

    (A) 白宮有過一些名字。   (B) <u>白宮的設計師是一位美國總統。</u>

    (C) 在戰時，人們不准參觀白宮。

    (D) 白宮位於一個不超過十英哩見方大的地區。

<u>第 45 至 48 題爲題組</u>

    West Nile is a tropical disease that begins in birds, which pass it on to mosquitoes that then go on to infect human beings with a bite. Most people who contract West Nile do not experience any symptoms at all, but, if they do, symptoms typically develop between 3 to 14 days after a mosquito bite. About 1 in 5 persons suffers fever, headaches, and body aches, usually lasting a week or so. A far less lucky 1 in 150 experiences high fever, tremors, paralysis, and coma. Some—especially the elderly and those with weak immune systems—die.

    西尼羅是一種始於鳥類的熱帶疾病，鳥傳給蚊子，然後蚊子一叮咬後轉移給人類，人就感染了。大多數得了西尼羅的人根本不會經歷任何症狀，但如果他們有的話，症狀通常形成於蚊蟲叮咬後的 3 到 14 天之間。約五分之一的人會患有發燒、頭痛和身體疼痛，通常持續一週左右。一百五十分之一沒那麼幸運的會經歷高燒、震顫、癱瘓以及昏迷。有些人會死亡，尤其是老年人和免疫系統很弱的人。

    West Nile〔ˋwɛstˋnaɪl〕n. 西尼羅   tropical〔ˋtrɑpɪkl〕adj. 熱帶的
    disease〔dɪˋziz〕n. 疾病   ***pass…on*** 把…傳下去
    mosquito〔məsˋkito〕n. 蚊子   ***go on*** 繼續
    infect〔ɪnˋfɛkt〕v. 感染   contract〔kənˋtrækt〕v. 感染（疾病）
    symptom〔ˋsɪmptəm〕n. 症狀   ***not…at all*** 根本不會；一點也不
    typically〔ˋtɪpɪklɪ〕adv. 通常   develop〔dɪˋvɛləp〕v. 形成
    suffer〔ˋsʌfə〕v. 遭受；經歷   fever〔ˋfivə〕n. 發燒
    headache〔ˋhɛdˏek〕n. 頭痛   tremor〔ˋtrɛmə〕n. 震顫；顫抖
    paralysis〔pəˋræləsɪs〕n. 麻痺；癱瘓
    coma〔ˋkomə〕n.【醫】昏睡（狀態）；昏迷
    immune〔ɪˋmjun〕adj. 免疫的   ***immune system*** 免疫系統

That is what made the major outbreaks of West Nile in the U.S. in the summer of 2012 so scary. The situation was particularly bad in Dallas, Texas, where the West Nile virus killed 10 people and sickened more than 200. The city declared a state of emergency and began aerial spraying of a pesticide to kill the mosquitoes, even though residents argued that the pesticide could be more dangerous than the disease.

這就是 2012 年夏季美國西尼羅疾病大爆發如此可怕的原因。德州達拉斯市的情況特別嚴重，西尼羅病毒造成 10 人死亡，200 多人生病。該市宣布進入緊急狀態，且開始空中噴灑殺蟲劑以殺死蚊子，儘管居民認為殺蟲劑可能比西尼羅更危險。

major ('medʒɚ) *adj.* 較多的；較大範圍的
outbreak ('aut,brek) *n.* 爆發　　virus ('vairəs) *n.* 病毒
declare (dɪ'klɛr) *v.* 宣布　　state (stet) *n.* 狀態
emergency (ɪ'mɜdʒənsɪ) *n.* 緊急情況；非常時刻
aerial ('ɛrɪəl) *adj.* 空中的；由飛機進行的　　spray (spre) *v.* 噴灑
pesticide ('pɛstɪ,saɪd) *n.* 殺蟲劑　　argue ('ɑrgju) *v.* 主張；認為

Why was the summer of 2012 so hospitable to the West Nile virus and the mosquitoes that carry it? Blame the weather. An extremely mild winter allowed more mosquitoes than usual to survive, while the unusually high temperatures in that scorching summer further increased their number by speeding up their life cycle. The economic crisis may have also played a role: Homeowners who were not able to pay their bank loans were forced to abandon their properties, sometimes leaving behind swimming pools that made excellent mosquito breeding grounds.

為什麼 2012 年的夏天這麼適合西尼羅病毒和帶菌的蚊子呢？歸咎於天氣。一個非常溫暖的冬天使得比平常更多的蚊子存活，而在異常高溫的炎熱夏天加快了牠們的生命週期，更增加了牠們的數量。經濟危機也可能發揮了作用：無力支付銀行貸款的房主被迫放棄房產，有時留下游泳池，成為絕佳的蚊子繁殖地。

hospitable ('hɑspɪtəbḷ) *adj.* （氣候、環境等）宜人的；適宜的
blame (blem) *v.* 責怪；歸咎
extremely (ɪk'strimlɪ) *adv.* 極端地；極其；非常
mild (maɪld) *adj.* 溫暖的；暖和的　　***than usual*** 比平常
scorching ('skɔrtʃɪŋ) *adj.* 灼熱的　　***speed up*** 加快

crisis〔'kraɪsɪs〕*n.* 危機　***play a role*** 發揮作用
loan〔lon〕*n.* 貸款　abandon〔ə'bændən〕*v.* 拋棄
property〔'prɑpətɪ〕*n.* 財產；房地產　***breeding ground*** 繁殖地

　　The severity of tropical diseases is also a matter of whether governments are capable—and willing—to defend their populations against infections. Dallas County was not doing some of the key things to slow the spread of West Nile, such as testing dead birds and setting mosquito traps to test for the presence of the disease. Tropical infections are thus as much related to government inaction as they are to climate.

　　熱帶疾病的嚴重性也是關乎於政府是否有能力，而且是否願意捍衛其人口對抗感染。達拉斯郡並沒有做一些關鍵的事情來減緩西尼羅的傳播，比如檢驗死鳥和設置蚊子陷阱來測試這種疾病的存在。因此，熱帶疾病感染和政府沒有作爲之間的關聯，與其和氣候的關聯是同等的。

severity〔sə'vɛrətɪ〕*n.* 猛烈；嚴重
a matter of 和…有關；是…的問題　willing〔'wɪlɪŋ〕*adj.* 願意的
defend〔dɪ'fɛnd〕*v.* 保護；防衛　population〔,pɑpjə'leʃən〕*n.* 人口
infection〔ɪn'fɛkʃən〕*n.* 感染　trap〔træp〕*n.* 陷阱；捕捉器
presence〔'prɛzn̩s〕*n.* 出席；存在　***be related to*** 和…有關
inaction〔ɪn'ækʃən〕*n.* 不活動；無作爲　climate〔'klaɪmɪt〕*n.* 氣候

45. (**C**) 本文主要是關於什麼？
　　(A) 西尼羅和對抗它的方法。　　　(B) 西尼羅和政府的效率。
　　(C) <u>西尼羅的病情及其滋生的條件。</u>　(D) 西尼羅與熱帶病的關係。
　　thrive〔θraɪv〕*v.* 茁壯；成長

　　【本題的誘答選項 (B)，引起網友爭議，雖然時代雜誌作者原文的旨意是要批判政府作爲，不過大考中心修改後文章，提到 (1) Some—especially the elderly and those <u>with weak immune systems</u>—die. (2) Blame the <u>weather</u>. An extremely mild winter allowed more mosquitoes than usual to survive… (3) The <u>economic crisis</u> may have also played a role…(4)Dallas County was <u>not doing some of the key things</u> to slow the spread of West Nile。只有 (4) 和選項 (B) governmental efficiency 相關，而全部都可以歸類在 (C) the <u>conditions</u> (條件) its virus thrives in，故 (C) 爲最好的答案】

46. (**A**) 關於西尼羅，以下哪一項陳述是正確的？
    (A) <u>症狀通常在兩週內出現。</u>   (B) 在熱帶地區通過空氣和水傳播。
    (C) 超過 20% 的染病者將遭受嚴重的症狀。
    (D) 它來自於人類與感染病毒的鳥類的直接接觸。

47. (**A**) 達拉斯郡做了什麼來對抗西尼羅？
    (A) <u>他們從空中噴灑殺蟲劑。</u>   (B) 他們要求市民遠離死鳥。
    (C) 他們鼓勵公民接種疫苗。   (D) 他們抽乾郡裡游泳池的水。
    vaccination〔͵væksṇ'eʃən〕 *n.* 接種疫苗   drain〔dren〕 *v.* 使水排出

48. (**D**) 下列何者是達拉斯 2012 年在美國受到西尼羅最嚴重攻擊的原因？
    (A) 德州逐漸增加的人口，增加了感染疾病的風險。
    (B) 政府沒有及時發出警告。   (C) 居民擔心該郡的決定和行動。
    (D) <u>前一個冬天的天氣不像往常那樣寒冷。</u>
    issue〔'ɪʃju〕 *v.* 發出   previous〔'priviəs〕 *adj.* 之前的

<u>第 49 至 52 題為題組</u>

    Most parts of Taiwan have access to sufficient supplies of fresh water for drinking. But fresh water can be in short supply in many **arid** regions of the world such as Saudi Arabia, where there are limited water resources. As the world population continues to grow, shortages of fresh water will occur more often and the need for additional water supplies will become critical. Some may ask, "Since the ocean covers more than 70 percent of the Earth, why not just get drinking water from the ocean?"

    台灣大部分地方能取得足夠的淡水來飲用。但是在世界上很多乾燥地區，像是水資源很有限的沙烏地阿拉伯，淡水可能會短缺。隨著世界的人口持續成長，淡水的短缺將會更常發生，而額外水資源的需求將會更迫切。有些人可能會問：「既然海洋覆蓋了超過百分之七十的地球表面，何不就從海洋獲取飲用水呢？」

    access〔'æksɛs〕 *n.* 接近；取得   ***have access to*** 取得
    sufficient〔sə'fɪʃənt〕 *adj.* 足夠的；充足的
    supply〔sə'plaɪ〕 *n.* 供應（量）
    fresh〔frɛʃ〕 *adj.* 新鮮的；沒有鹽分的   ***fresh water*** 淡水
    in short supply 短缺   arid〔'ærɪd〕 *adj.* 乾燥的
    region〔'ridʒən〕 *n.* 地區
    Saudi Arabia〔'sɔdɪ ə'rebɪə〕 *n.* 沙烏地阿拉伯

limited〔ˋlɪmɪtɪd〕*adj.* 有限的　　resource〔rɪˋsɔrs〕*n.* 資源
population〔ˌpɑpjəˋleʃən〕*n.* 人口　　shortage〔ˋʃɔrtɪdʒ〕*n.* 不足；缺乏
occur〔əˋkɝ〕*v.* 發生　　additional〔əˋdɪʃənḷ〕*adj.* 額外的
critical〔ˋkrɪtɪkḷ〕*adj.* 重要的；迫切的　　cover〔ˋkʌvə〕*v.* 覆蓋
why not 何不～

To turn seawater into fresh water, we need to remove the salt in seawater,
that is, to desalinate seawater. The problem is that the desalination of water
requires a lot of energy. Salt dissolves very easily in water, forming strong
chemical bonds, and those bonds are difficult to break. The energy and
technology to desalinate water are both expensive, and this means that
desalinating water can be costly.

　　要把海水變成淡水，我們需要去除海水中的鹽分，也就是將海水去鹽。問題
是，淡化水需要很多的能量。鹽非常易溶於水，形成強力的化學鍵，而這些鍵很
難打破。去鹽所需的能量和科技都很昂貴，而這意指著淡化水要很高的費用。

turn A into B 把 A 變成 B　　seawater〔ˋsiˌwɔtə〕*n.* 海水
remove〔rɪˋmuv〕*v.* 去除　　salt〔sɔlt〕*n.* 鹽
that is 也就是說（= *in other words*）
desalinate〔diˋsæləˌnet〕*v.* 自（海水中）去除鹽分（= *desalt*）
desalination〔diˌsæləˋneʃən〕*n.* 脫鹽；淡化
require〔rɪˋkwair〕*v.* 需要　　energy〔ˋɛnədʒɪ〕*n.* 精力；能量
dissolve〔dɪˋzɑlv〕*v.* 溶解　　form〔fɔrm〕*v.* 形成
chemical〔ˋkɛmɪkḷ〕*adj.* 化學的　　bond〔bɑnd〕*n.* 連結；（化學）鍵
technology〔tɛkˋnɑlədʒɪ〕*n.* 科技　　costly〔ˋkɔstlɪ〕*adj.* 昂貴的

There are environmental costs of desalination as well. Sea life can get
sucked into desalination plants, killing small ocean creatures like baby fish
and plankton, upsetting the food chain. Also, there is the problem of what to
do with the separated salt, which is left over as a very concentrated brine.
Pumping this super-salty water back into the ocean can harm local aquatic
life. Reducing these impacts is possible, but it adds to the costs.

　　淡化海水也有環境的代價。海洋生物可能被吸入海水淡化廠裡，殺死小型海
洋生物，像是幼魚和浮游生物，破壞了食物鏈。此外，分離的鹽遺留下來的型態
是高濃度的鹽水，如何處理也是問題。把這些高鹽分的水排回海洋會傷害到當地
的水生生物。降低這些衝擊是可能的，但是這會增加成本。

environmental〔ɪnˌvaɪrənˈmɛntḷ〕*adj.* 環境的
cost〔kɔst〕*n.* 費用；成本；代價　　***as well*** 也
sea life 海洋生物　　suck〔sʌk〕*v.* 吸；捲入
plant〔plænt〕*n.* 工廠　　creature〔ˈkritʃɚ〕*n.* 生物
plankton〔ˈplæŋktən〕*n.* 浮游生物　　upset〔ʌpˈsɛt〕*v.* 破壞
food chain 食物鏈　　also〔ˈɔlso〕*adv.* 而且；此外（= *besides*）
separated〔ˈsɛpəˌretɪd〕*adj.* 分離的　　***leave over*** 剩餘；遺留
concentrated〔ˈkɑnsṇˌtretɪd〕*adj.* 濃縮的　　brine〔braɪn〕*n.* 鹽水
pump〔pʌmp〕*v.* 抽取　　salty〔ˈsɔltɪ〕*adj.* 含鹽的
harm〔hɑrm〕*v.* 傷害　　local〔ˈlokḷ〕*adj.* 當地的
aquatic〔əˈkwætɪk〕*adj.* 水生的　　reduce〔rɪˈdjus〕*v.* 降低；減少
impact〔ˈɪmpækt〕*n.* 影響；衝擊　　***add to*** 增加

Despite the economic and environmental hurdles, desalination is becoming increasingly attractive as human beings are using up fresh water from other sources. At present, desalinating seawater is the only viable way to provide water to growing populations in rural areas of the Middle East and North Africa. Therefore, the race is on to find a cheaper, cleaner, and more energy-efficient way of desalinating seawater, and promising new findings are being reported.

儘管經濟和環境的障礙，隨著人類慢慢用光其他資源的淡水，海水淡化逐漸變得吸引人。現在，海水淡化是唯一可行的方法，提供水給中東和北非鄉村地區日益增加的人口。因此，比賽已經開始，要尋找更便宜、更乾淨，且更節能海水淡化的方法，而有希望的新研究發現也正受到報導。

despite〔dɪˈspaɪt〕*prep.* 儘管　　economic〔ˌikəˈnɑmɪk〕*adj.* 經濟的
hurdle〔ˈhɝdḷ〕*n.* 障礙；困難　　increasingly〔ɪnˈkrisɪŋlɪ〕*adv.* 逐漸地
attractive〔əˈtræktɪv〕*adj.* 吸引人的　　***human being*** 人類
use up 用光　　***at present*** 目前；現在
viable〔ˈvaɪəbḷ〕*adj.* 可行的　　provide〔prəˈvaɪd〕*v.* 提供
rural〔ˈrʊrəl〕*adj.* 鄉下的　　area〔ˈɛrɪə〕*n.* 地區
the Middle East 中東　　***North Africa*** 北非
therefore〔ˈðɝˌfor〕*adv.* 因此　　race〔res〕*n.* 比賽；競爭
on〔ɑn〕*adj.* 進行的　　energy-efficient *adj.* 高效能的；節能的
promising〔ˈprɑmɪsɪŋ〕*adj.* 有希望的
findings〔ˈfaɪndɪŋz〕*n. pl.* 研究發現

49.(**C**) 下列何者的意思最接近第一段的「乾燥的」？

    (A) 被佔領的。   (B) 孤立的。

    (C) 乾的。   (D) 遙遠的。

occupied (ˈɑkjəˌpaɪd) adj. 被佔領的
isolated (ˈaɪsḷˌetɪd) adj. 孤立的
remote (rɪˈmot) adj. 遙遠的

50.(**A**) 第二段主要是關於什麼？

    (A) 淡化海水的高成本。   (B) 海水的主要化學特性。

    (C) 將海水變成淡水的迫切需求。 (D) 淡化海水產生的能量。

mainly (ˈmenlɪ) adv. 主要地   major (ˈmedʒɚ) adj. 主要的
characteristic (ˌkærɪktəˈrɪstɪk) n. 特質
urgent (ˈɝdʒənt) adj. 迫切的；緊急的   produce (prəˈdjus) v. 製造

51.(**B**) 根據本文，下列哪個敘述為眞？

    (A) 混合鹽和水不如去除海水中的鹽容易。

    (B) 淡化海水可能會殺死一些海洋生物並干擾食物鏈。

    (C) 海洋覆蓋了百分之七十的地球表面，總是可以滿足人類對水的需求。

    (D) 沙烏地阿拉伯逐漸增加的人口導致淡水的短缺。

statement (ˈstetmənt) n. 敘述   mix (mɪks) v. 混合
disturb (dɪˈstɝb) v. 擾亂；妨礙   satisfy (ˈsætɪsˌfaɪ) v. 滿足
result in 造成

52.(**D**) 以下何者最能描述作者對海水淡化未來的態度？

    (A) 驚訝的。   (B) 懷疑的。

    (C) 保守的。   (D) 充滿希望的。

amazed (əˈmezd) adj. 驚訝的   doubtful (ˈdaʊtfəl) adj. 懷疑的
conservative (kənˈsɝvətɪv) adj. 保守的
hopeful (ˈhopfəl) adj. 充滿希望的

第 53 至 56 題為題組

    Four millennia ago, an ancient Babylonian wrote down what is possibly the first lullaby. It is a rather threatening lullaby, in which the baby is scolded for disturbing the house god with its crying and warned of terrifying consequences. It may have got the baby to sleep, but its message is far from comforting: If he/she does not stop crying, the demon will eat him/her. This lullaby may sound more scary than sleep-inducing, yet it is true that many lullabies—including those sung today—have dark **undertones**.

　　四千年前，一位古巴比倫人可能寫下了第一首搖籃曲。這是首非常有恐嚇性的搖籃曲，其中嬰兒因哭聲打擾了鎮宅之神而被責備，被警告會有可怕的後果。這當時可能能使嬰兒睡著，但是歌曲的訊息讓人不安：如果他/她不停止哭泣，魔鬼就會來吃他/她。這搖籃曲可能聽起來比較可怕，而非有催眠的作用，但是的確很多搖籃曲——包含那些今天所唱的——有不為人所知的含意。

> millennia〔məˈlɛnɪə〕n. pl. 千年【單數為 millenium〔məˈlɛnɪəm〕】
> ancient〔ˈenʃənt〕adj. 古代的
> Babylonian〔ˌbæblˈonɪən〕n. 巴比倫人
> lullaby〔ˈlʌləˌbaɪ〕n. 搖籃曲　　threatening〔ˈθrɛtnɪŋ〕adj. 恐嚇的
> scold〔skold〕v. 責備　　disturb〔dɪˈstɝb〕v. 妨礙；打擾
> ***house god*** 鎮宅之神（= *household god*）
> warn〔wɔrn〕v. 警告 < of >　　terrifying〔ˈtɛrəˌfaɪɪŋ〕adj. 可怕的
> consequence〔ˈkɑnsəˌkwɛns〕n. 後果　　***may have + p.p.*** 當時可能 ~
> message〔ˈmɛsɪdʒ〕n. 訊息　　***far from*** 一點也不 ~（= *not at all*）
> comforting〔ˈkʌmfɚtɪŋ〕adj. 安慰的　　demon〔ˈdimən〕n. 魔鬼
> scary〔ˈskɛrɪ〕adj. 可怕的　　induce〔ɪnˈdjus〕v. 引發；導致
> sleep-inducing adj. 催眠的　　including〔ɪnˈkludɪŋ〕prep. 包含
> dark〔dɑrk〕adj. 不為人所知的　　undertone〔ˈʌndɚˌton〕n. 含意

Research has shown that lullabies, when used correctly, can soothe and possibly even help to heal an infant; but it is the caretaker's voice and the rhythm and melody of the music that babies respond to, not the content of the song. Then, what is the function of the content? According to studies, some lullabies provide advice, like the Babylonian lullaby, and quite a few others offer the space to sing the unsung, say the unsayable. Lyrics to those lullabies can indeed be interpreted as a reflection of the caregiver's emotions.

　　研究顯示，搖籃曲，正確使用的時候，可以安撫，甚至可能幫助治療嬰兒；但是嬰兒是對照顧者的聲音，以及音樂的節奏和旋律有反應，不是歌曲的內容。那麼內容的功能是什麼？根據研究，有些搖籃曲提供建議，像是巴比倫的搖籃曲，

而有不少的其他的歌曲提供空間唱未唱的，說難以言表的。這些搖籃曲的歌詞，
的確可以被詮釋為照顧者情感的反映。

research（'rɪsɜtʃ）n. 研究　　show（ʃo）v. 表示；顯示
correctly（kə'rɛktlɪ）adv. 正確地　　soothe（suð）v. 安慰；撫慰
heal（hil）v. 治療　　infant（'ɪnfənt）n. 嬰兒
caretaker（'kɛrˌtekə）n. 照顧者（= caregiver）
rhythm（'rɪðəm）n. 節奏　　melody（'mɛlədɪ）n. 旋律
respond（rɪ'spɑnd）v. 反應；回應 < to >　　content（'kɑntɛnt）n. 內容
function（'fʌŋkʃən）n. 功能　　*according to* 根據
study（'stʌdɪ）n. 研究　　advice（əd'vaɪs）n. 建議
quite a few 不少；很多（= *many*）　　unsung（ʌn'sʌŋ）adj. 未唱的
unsayable（ʌn'seəbl）adj. 難以言表的　　lyrics（'lɪrɪks）n. pl. 歌詞
indeed（ɪn'did）adv. 的確　　interpret（ɪn'tɜprɪt）v. 解釋；詮釋
reflection（rɪ'flɛkʃən）n. 反映　　emotion（ɪ'moʃən）n. 情感

Researchers believe that a large part of the function of lullabies is to help
a mother vocalize her worries and concerns. The mother's fear of loss
especially makes sense since the infant/toddler years of life are fragile ones.
Since there is a special physical bond between mother and child during this
period, mothers feel they can sing to their child about their own fears and
anxieties. Lullabies, therefore, serve as therapy for the mother. In addition,
the songs are seemingly trying to work some magic—as if, by singing, the
mother is saying, "Sadness has already touched this house; no need to come by
again."

　　研究人員認為，搖籃曲有一大部分的功能，是要幫助母親表達她的擔心和憂
慮。母親特別害怕失去是有道理的，因為嬰兒或是剛學步小孩，這幾年的時間是
非常脆弱的。因為母親和小孩在這段期間有特別身體上的連結，母親覺得她們可
以對她們的小孩，唱出她們的恐懼和不安。因此，搖籃曲可以療癒母親。此外，
歌曲看似嘗試要產生某種魔力——似乎，藉由唱歌，母親正在說著：「悲傷已經
觸及了這個家；不必再來了。」

researcher（ri'sɜtʃə）n. 研究員　　vocalize（'vokl̩ˌaɪz）v. 說出；表示
concern（kən'sɜn）n. 憂慮　　fear（fɪr）n. 恐懼；害怕
loss（lɔs）n. 喪失　　especially（ə'spɛʃəlɪ）adv. 特別
make sense 說得通；有道理　　toddler（'tɑdlə）n. 剛學走路的小孩

fragile〔'frædʒəl〕*adj.* 脆弱的　　physical〔'fɪzɪkl̩〕*adj.* 身體的
bond〔bɑnd〕*n.* 連結　　period〔'pɪrɪəd〕*n.* 時期
anxiety〔æŋ'zaɪətɪ〕*n.* 擔憂；不安　　***serve as*** 作為～
therapy〔'θɛrəpɪ〕*n.* 療法　　***in addition*** 此外
seemingly〔'simɪŋlɪ〕*adv.* 看起來　　work〔wɜk〕*v.* 產生；創造
magic〔'mædʒɪk〕*n.* 魔法　　***as if*** 似乎；好像
sadness〔'sædnɪs〕*n.* 悲傷　　touch〔tʌtʃ〕*v.* 觸碰；影響
come by 經過；走近

53. (**B**) 以下哪個標題最能描述本文的主旨？

    (A) 搖籃曲的源頭。   (B) <u>搖籃曲的功能。</u>

    (C) 有恐嚇性的搖籃曲。   (D) 催眠的搖籃曲。

    title〔'taɪtl̩〕*n.* 標題；名稱　　origin〔'ɔrədʒɪn〕*n.* 起源

54. (**D**) 下列何者意義最接近第一段的「含意」？

    (A) 後果。   (B) 歌唱。

    (C) 悄悄話。   (D) <u>訊息。</u>

    vocals〔'vokl̩z〕*n. pl.* 歌唱；聲樂
    whisper〔'hwɪspɚ〕*n.* 耳語；悄悄話

55. (**A**) 作者用什麼來支持搖籃曲有安慰的效果這想法？

    (A) <u>研究報告。</u>   (B) 歷史裡面找到的例子。

    (C) 照顧者的說法。   (D) 作者個人的經驗。

    soothing〔'suðɪŋ〕*adj.* 安慰的　　effect〔ɪ'fɛkt〕*n.* 效果
    example〔ɪg'zæmpl̩〕*n.* 例子　　history〔'hɪstrɪ〕*n.* 歷史

56. (**C**) 根據本文，以下敘述何者為真？

    (A) 可怕的搖籃曲比較能幫嬰兒入睡。

    (B) 母親偏好唱旋律快樂的搖籃曲。

    (C) <u>搖籃曲安撫的不只有嬰兒，還有母親。</u>

    (D) 嬰兒對搖籃曲的音樂和歌詞都有反應。

    fall asleep 睡著　　prefer〔prɪ'fɜ〕*v.* 偏好
    joyful〔'dʒɔɪfəl〕*adj.* 快樂的　　comfort〔'kʌmfɚt〕*v.* 安慰
    react〔rɪ'ækt〕*v.* 反應 < *to* >

第貳部分：非選擇題

一、中譯英

1. 近年來，有越來越多超級颱風，通常造成嚴重災害。

In recent years, there have been more and more super typhoons, usually

$$\left\{ \begin{array}{l} \text{causing} \\ \text{resulting in} \\ \text{bringing about} \\ \text{leading to} \end{array} \right\} \text{serious} \left\{ \begin{array}{l} \text{damage.} \\ \text{destruction.} \\ \text{devastation.} \end{array} \right\}$$

2. 颱風來襲時，我們應準備足夠的食物，並待在室內，若有必要，應迅速移動至安全的地方。

When a typhoon $\left\{ \begin{array}{l} \text{hits,} \\ \text{strikes,} \end{array} \right\}$ we should prepare $\left\{ \begin{array}{l} \text{enough} \\ \text{adequate} \\ \text{sufficient} \end{array} \right\}$ food,

stay indoors, and, $\left\{ \begin{array}{l} \text{if necessary,} \\ \text{if need be,} \end{array} \right\}$ quickly move to safe places.

二、英文作文：

The Line-up Phenomenon

A couple of years ago, my friend excitedly told me about a new gourmet popcorn shop opening at Taipei 101. Even though I didn't really care about popcorn, I agreed that we should go down there on opening day and wait in line for five hours in order to get our hands on this crazy, magical popcorn. ***Sure enough***, we showed up two hours before the shop was scheduled to open, and the line was all the way up the escalator and out to Xinyi Road. I was thinking, this popcorn better be good.

I believe the phenomenon of waiting in line for the newest, latest thing is stupid and shows a lack of creativity. ***On one hand***, sure, it's a social situation——you're with a group of friends, sharing a common experience. It's mindless fun. But that's the point. We were standing in line for this popcorn and what seemed like an eternity, and a couple of hours into it, I forgot what we were waiting in line for. And ***to be honest***, the popcorn was just OK. It definitely wasn't worth waiting five hours.

排隊現象

　　幾年前，我的朋友興奮地告訴我，一個新的美食爆米花店在台北 101 開幕。即使我不是眞的在乎爆米花，我同意我們應該在開幕日那天去看看，並排了五個小時的隊，爲了要獲得這瘋狂、神奇的爆米花。確實，我們在預計開店前的兩小時出現，而隊伍一路排上了電扶梯到外頭信義路上。我當時就在想，這爆米花最好很好吃。

　　我認爲，爲了最新、最近的事物而排隊的現象是愚蠢、缺乏創意的。一方面，當然，這是社交的情況——你和一群朋友在一起，分享一個共同的經驗。這是無腦的樂趣。但那就是重點。我們當時爲了這爆米花排隊，無止盡地等待，而幾個小時過後，我忘了我們是爲了什麼而排隊。而且，老實說，爆米花只是還可以，絕對不值得五個小時等待。

line-up〔'laɪn,ʌp〕*n.* 排隊　　phenomenon〔fə'namə,nan〕*n.* 現象
a couple of 幾個（= *several*）　　excitedly〔ɪk'saɪtɪdlɪ〕*adv.* 興奮地
gourmet〔'gʊrme〕*adj.* 美食的　　popcorn〔'pap,kɔrn〕*n.* 爆米花
shop〔ʃap〕*n.* 商店　　*care about* 在乎　　agree〔ə'gri〕*v.* 同意
opening day 開幕日　　*wait in line* 排隊　　*in order to V.* 爲了～
get one's *hands on* 得到；獲取　　crazy〔'krezɪ〕*adj.* 瘋狂的
magical〔'mædʒɪkl〕*adj.* 神奇的
sure enough 的確；果然（= *definitely*）　　*show up* 出現
schedule〔'skɛdʒul〕*v.* 預定；安排　　*all the way* 一路；完全
escalator〔'ɛskə,letɚ〕*n.* 電扶梯

better be 最好；應該（= *had better be*）　　believe〔bə'liv〕*v.* 認爲
lack〔læk〕*n.* 缺乏　　creativity〔,krie'tɪvətɪ〕*n.* 創意；創造力
on (the) one hand 一方面　　social〔'soʃəl〕*adj.* 社交的
situation〔,sɪtʃu'eʃən〕*n.* 情況　　share〔ʃɛr〕*v.* 分享
common〔'kamən〕*adj.* 共同的
mindless〔'maɪndlɪs〕*adj.* 不用動腦的　　point〔pɔɪnt〕*n.* 重點
seem〔sim〕*v.* 看似　　eternity〔ɪ'tɝnətɪ〕*n.* 永恆；漫長的時間
into〔'ɪntə〕*prep.* （時間）持續
to be honest 老實說（= *to tell the truth*）
definitely〔'dɛfənɪtlɪ〕*adv.* 一定；確實　　*be worth V-ing* 值得～

107 年學測英文科試題出題來源

題　　號	出　　　　　　　　　　處
一、詞彙 第 1～15 題	所有各題對錯答案的選項，均出自大考中心編製的「高中常用 7000 字」。
二、綜合測驗 第 16～20 題	改寫自 The roots of creativity（創意的根源），描述創意如何產生，已經如何從生活中培養創意的可能性。
第 21～25 題	改寫自 Nonprofit Matter Of Trust Uses Donations Of Hair, Fur To Clean Up Gulf Oil Spill（非營利機構信任之事使用捐贈的頭髮和毛，清理墨西哥灣漏油），描寫一非營利機構如何用毛髮來清理每年海上的漏油。
第 26～30 題 【WHO】	改寫自 Lucid Dreaming and Self-Realization（清醒夢及自我實現），描述清醒夢和一般夢以及白日夢的不同：夢裡完成了平常現實不能完成的事。
三、文意選填 第 31～40 題	改寫自 Fortune Cookies（幸運餅乾），描寫從以前到現今各個關於幸運餅乾的來源。
四、閱讀測驗 第 41～44 題	改寫自 History of the White House（白宮的歷史），描述白宮的創建以及歷經過的轉變和政策的變革。
第 45～48 題	改寫自 Why West Nile Virus Is a Self-Inflicted Wound（為何西尼羅河病毒是自我造成的傷害），敘述 2012 年美國德州爆發的病毒感染，以及為何受到重創的因素。
第 49～52 題	改寫自 Why don't we get our drinking water from the ocean by taking the salt out of seawater?（為何我們不能從藉由海水淡化獲得飲用水），描述海水淡化的後果高成本，導致其不受青睞。
第 53～56 題	改寫自 The universal language of lullabies（搖籃曲的共通的語言），描述搖籃曲其歌詞的內容，以及功用。

【107 年學測】綜合測驗：16-20 出題來源

—— http://www.economist.com/node/21550235

The roots of creativity
Throwing muses

WHERE do good ideas come from? For centuries, all credit for these mysterious gifts went to faith, fortune and some fair muses. But to assume creativity is some lofty trait enjoyed by the few is both foolish and unproductive, argues Jonah Lehrer in "Imagine", a smart new book about "how creativity works". Drawing from a wide array of scientific and sociological research—and everything from the poetry of W.H. Auden to the films of Pixar—he makes a convincing case that innovation cannot only be studied and measured, but also nurtured and encouraged.

Just outside St Paul, Minnesota, sits the sprawling corporate headquarters of 3M. The company sells more than 55,000 products, from streetlights to computer touch-screens, and is ranked as the third-most innovative in the world. But when Mr Lehrer visits, he finds employees engaged in all sorts of frivolous activities, such as playing pinball and wandering about the campus. These workers are actually pushed to take regular breaks, as time away from a problem can help spark a moment of insight. This is because interrupting work with a relaxing activity lets the mind turn inward, where it can subconsciously puzzle over subtle meanings and connections (the brain is incredibly busy when daydreaming). "That's why so many insights happen during warm showers," says Joydeep Bhattacharya, a psychologist at Goldsmiths, University of London.

But this is just one reason for 3M's creative output (and 3M is just one example of many in this book). The company also encourages its employees to take risks, not only by spending masses on research (nearly 8% of gross revenue), but also by expecting workers to spend around 15% of their time pursuing speculative ideas. Most of these efforts will fail, but some, such as masking tape, an early 3M concept, will generate real profit for the company. The reason why this approach works—and why it has been imitated by other crafty companies such as Google—is because many breakthroughs come when people venture beyond their area of expertise.

Often it takes an outsider to ask the kind of dumb questions that may yield an unconventional solution.

⋮

【107 年學測】綜合測驗：21-25 出題來源

——https://www.huffingtonpost.com/2010/05/04/nonprofit-matt er-of-trust_n_562918.html

Nonprofit Matter Of Trust Uses Donations Of Hair, Fur To Clean Up Gulf Oil Spill

One nonprofit has an innovative solution for cleaning up the massive oil spill on the Gulf Coast, using the ultimate renewable resource: human hair. Since its founding in 1998,Matter of Trust has collected donations of human hair and animal fur to clean up after the thousands of oil spills that happen each year. The hair and fur donations are made into mats and booms, which use old nylon stockings to keep clippings together.

Each day, 300,000 pounds of hair and fur are cut in hair salons across the United States. Unneeded hair and fur can be sent to Matter of Trust's headquarters to be assembled into resources that will help clean up Louisiana waters following the recent Deepwater Horizon oil spill. Donations are pouring in from every state in the country to aid the clean up process.

Individuals can organize "hair-raising" events in their communities to collect donations or speak to locate hair stylists and pet groomers about sending in the leftover hair and fur.

【107 年學測】綜合測驗：26-30 出題來源

——https://www.psychologytoday.com/blog/the-superhuman-mind/201212/lucid -dreaming-and-self-realization

Lucid Dreaming and Self-Realization

When I went to graduate school, lucid dreaming(link is external) was a concept everyone knew of, yet knew nearly nothing about. Generation X missed the lucid dreaming debates of the 1960s, 1970s and 1980s. After that, the debates faded out and lucid dreaming became the geeky subject matter of a few liberal intellectuals hardly anyone had heard of. Christopher Nolan's movie Inception(link is external), perhaps misleadingly, brought the concept back into the core of the minds of the masses.

Lucid dreaming is your chance to play around with the extraordinary abilities buried in unused parts of your brain. Regardless of whether your are superhuman in real life or not, lucid dreaming is a way for you to put the deepest areas of your brain to good use while you're sleeping. You can be a Jane Doe while awake and superman while sleeping. All the obstacles of reality can be set aside, as you make trips to the sun or the interior of the earth or test your craziest science experiments on your worst enemies.

Lucid dream researcher Beverly D'Urso(link is external)knows everything about lucid dreaming: She has been a lucid dreamer since she was seven years old. She has worked with psychophysiologist Stephen Laberge(link is external), the founder of the Lucidity Institute. She was the first person to have a recorded orgasm during a dream. During her lucid dreams, she has tasted fire, visited the sun and overcome a writer's block. She has done it all. We recently conducted an interview with the lucid dream expert.

⋮

【107 年學測】文意選填：31-40 出題來源

—https://itotd.com/articles/326/fortune-cookies/

Fortune Cookies
The authentic Japanese-American Chinese treat

For reasons I am at a loss to explain, I never tasted Chinese food until I went to college. Around the middle of my freshman year, I decided to make myself a "to do" list of experiences I'd always wanted to have. One of those things was trying Chinese food. Not long afterward, my roommate decided to take my cultural enlightenment into his own hands. "We're going to Chinatown for supper tonight," he said. Not only would he not take no for an answer, he even told me it was going to be a double date and who I was to ask out. I dutifully phoned the woman in question and off we all went, driving about an hour from the campus into the heart of Manhattan. That evening I had my first egg roll, my first wonton soup, and my first lo mein; I even managed to get the hang of chopsticks pretty readily. And needless to say, the meal ended with the obligatory fortune cookies, another novelty I'd never seen before. I've been a fan of Chinese cooking (and fortune cookies) ever since.

My adopted hometown of San Francisco also has a large and vibrant Chinatown, and I was delighted to learn that fortune cookies were in fact invented here. When we got married, Morgen and I decided to have a San Francisco-themed wedding. In addition to the San Francisco-shaped wedding cake (really), we got a bunch of those cardboard Chinese take-out containers, filled them with treats, and distributed them to all of our guests. Among the goodies was a custom-made fortune cookie with a special message thanking guests for attending.

You Will Have a Satisfying Dessert

I have always liked the idea of fortune cookies. As confections go, a fortune cookie is about the lightest dessert I can imagine, which is usually just what I'd hope for after a Chinese meal. I can't recall ever having a fortune from a cookie come true, but there have been fortunes that gave me food for thought (so to speak), and even a patently goofy saying seems like a delightfully quaint way to end dinner. But even though I knew fortune cookies were invented in California, it never really sank in until recently that this made them an *American* idea that probably would be (and indeed is) considered strange in China. It turns out that the story is even weirder than that—fortune cookies are not merely an American invention, they're a *Japanese* invention that was adapted for Americans and then co-opted by Chinese restaurant owners. That the fortune cookie, given its mongrel roots, has become so iconic of Chinese restaurants in America is truly amazing.

⋮

【107 年學測】閱讀測驗：41-44 出題來源

——https://www.scholastic.com/teachers/articles/
teaching-content/history-white-house/

History of the White House
History of the White House and Washington, D.C. for Young Readers

Washington, D.C., has not always looked like it does today. Once it was a sleepy little village with only a few buildings. There were no good roads into the village, and no good docks for boats.

About two hundred years ago, when the United States was a brand-new country, people began to talk about where the president should live. Should the president live in the North or the South? Should the president's house be a palace, like kings live in, or a simpler house?

While Congress debated what to build and where to build it, our first president, George Washington, lived in three houses. The first two were in New York City. The third was in Philadelphia, Pennsylvania. Finally, Washington decided to compromise. He picked a patch of land on the Potomac River.

Both Maryland and Virginia gave land for the new capital. The land was on the border of the North and the South. At that time, there were no western states! George Washington named the land the District of Columbia, in honor of Christopher Columbus.

President Washington hired people to plan a new city. Washington, D.C., is one of the only cities in the world that was designed before it was built. First, Benjamin Banneker and Andrew Ellicott made maps of the land. Then Pierre Charles L'Enfant decided where to put the roads. Washington decided to put the Capitol Building on a hill at one end of the city, and the president's house on a hill at the other end.

Next it was time to decide what kind of house to build for the president. Thomas Jefferson suggested having a contest. He advertised the contest in newspapers across the country. A committee picked a simple but elegant design by James Hoban, a young Irish American architect.

⋮

【107 年學測】閱讀測驗：45-48 出題來源

——http://science.time.com/2012/08/21/why-west-nile-virus-is-a-self-inflicted-wound/

Why West Nile Virus Is a Self-Inflicted Wound

There are no good ways to die, but death by the West Nile virus is worse than most. The tropical disease begins in birds, which pass it on to mosquitoes that then go on to infect human beings with a bite. Most people who contract West Nile don't experience any symptoms at all, but about 1 in 5 suffer fever, headaches and body aches, usually lasting a week or so. A far less lucky 1 in 150 experience high fever, tremors, convulsions, paralysis and coma. Some — especially the immunocompromised and the elderly — die.

That's what makes the major outbreaks of West Nile virus in the U.S. this summer so scary. So far, nearly 700 cases have been reported to the Centers for Disease Control (CDC), including 26 deaths — the biggest nationwide outbreak since 2004. The situation is particularly bad in and around Dallas, where the virus has killed 10 people and sickened more than 200 so far this summer. The city has declared a state of emergency and, for the first time in 45 years, has begun aerial spraying of pesticide to kill the mosquitoes that are the virus' delivery system — even in the face of residents' heated concerns that the pesticide could be more dangerous than the disease. "I cannot have any more deaths on my conscience because we failed to take action," Dallas Mayor Mike Rawlings told reporters recently.

Why has the summer of 2012 proved so hospitable to the West Nile virus and the mosquitoes that carry it? Like so much else that's gone this season, blame the weather. An extremely mild winter throughout much of the country allowed more mosquitoes than usual to survive, while the unusually high temperatures this scorching summer further increased their numbers as well as speeding up their life cycle, causing more of the virus to build up in their salivary glands. (West Nile—which originated in Uganda—was first discovered in the U.S. during the very hot summer of 1999, in New York City.) Dallas in particular, ground zero of the outbreaks this year, had a rainy spring, which left more standing water — ideal nurseries for mosquito eggs. The housing crisis may play a role in the spread as well: many foreclosed homeowners have abandoned their properties, sometimes leaving behind swimming pools that make excellent mosquito breeding grounds.

【107 年學測】閱讀測驗：49-52 出題來源

——https://www.scientificamerican.com/article/why-dont-
we-get-our-drinking-water-from-the-ocean/

Why don't we get our drinking water from the ocean by taking the salt out of seawater?

Even with all of the water in Earth's oceans, we satisfy less than half a percent of human water needs with desalinated water. We currently use on the order of 960 cubic miles (4,000 cubic kilometers) of freshwater a year, and overall there's enough water to go around. There is increasing regional scarcity, though.

So why don't we desalinate more to alleviate shortages and growing water conflicts?

The problem is that the desalination of water requires a lot of energy. Salt dissolves very easily in water, forming strong chemical bonds, and those bonds are difficult to break. Energy and the technology to desalinate water are both expensive, and this means that desalinating water can be pretty costly.

It's hard to put an exact dollar figure on desalination—this number varies wildly from place to place, based on labor and energy costs, land prices, financial agreements, and even the salt content of the water. It can cost from just under $1 to well over $2 to produce one cubic meter (264 gallons) of desalted water from the ocean. That's about as much as two people in the U.S. typically go through in a day at home.

But switch the source to a river or an aquifer, and the cost of a cubic meter of water can plummet to 10 to 20 cents, and farmers often pay far less. That means it's still almost always cheaper to use local freshwater than to desalinate seawater. This price gap, however, is closing. For example, meeting growing demand by finding a new source of water or by building a new dam in a place like California could cost up to 60 cents per cubic meter of water.

⋮

【107年學測】閱讀測驗：53-56 出題來源

—http://www.bbc.com/news/magazine-21035103

The universal language of lullabies

Four millennia ago an ancient Babylonian wrote down a lullaby sung by a mother to her child. It may have got the baby to sleep, but its message is far from soothing-and this remains a feature of many lullabies sung around the world today.

Deeply etched into a small clay tablet, which fits neatly into the palm of a hand, are the words of one of the earliest lullabies on record, dating from around 2,000BC.

The writing is in cuneiform script - one of the first forms of writing-and would have been carefully shaped by a Babylonian scribe, with a stylus made of reed, in what is modern-day Iraq.

It's a rather menacing lullaby, in which the baby is chastised for disturbing the house god with its crying-and threatened with repercussions.

Frightening themes were typical of lullabies of the era, says Richard Dumbrill, a leading expert on ancient music with the British Museum in London, where the tablet is kept.

"They try to tell the child that he has made a lot of noise, that he woke up the demon, and if he doesn't shut up right now, the demon will eat him."

If this sounds more scary than sleep-inducing, it so happens that many lullabies-including those sung today-have dark undertones.

"Rock, rock, rock," begins one popular lullaby sung by the Luo people in western Kenya, before warning starkly, "The baby who cries will be eaten by a hyena,"-an actual possibility in some parts of the country.

The well-known UK lullaby, Rock-a-bye-Baby, also contains danger, warning in the nicest possible way that the baby and cradle will drop from the bough of a tree.

107 年大學入學學科能力測驗試題
數學考科

第壹部分：選擇題（占 60 分）

一、單選題（占 35 分）

說明：第 1 題至第 7 題，每題有 5 個選項，其中只有一個是正確或最
　　　適當的選項，請畫記在答案卡之「選擇（填）題答案區」。各
　　　題答對者，得 5 分；答錯、未作答或畫記多於一個選項者，該
　　　題以零分計算。

1. 給定相異兩點 A、B，試問空間中能使 ΔPAB 成一正三角形的所有
   點 P 所成集合為下列哪一選項？
   (1) 兩個點　　　　　　(2) 一線段　　　　　　(3) 一直線
   (4) 一圓　　　　　　　(5) 一平面

2. 一份試卷共有 10 題單選題，每題有 5 個選項，其中只有一個選
   項是正確答案。假設小明以隨機猜答的方式回答此試卷，且各題
   猜答方式互不影響。試估計小明全部答對的機率最接近下列哪一
   選項？
   (1) 10^{-5}　　(2) 10^{-6}　　(3) 10^{-7}　　(4) 10^{-8}　　(5) 10^{-9}

3. 某公司規定員工可在一星期（七天）當中選擇兩天休假。若甲、
   乙兩人隨機選擇休假日且兩人的選擇互不相關，試問一星期當中
   發生兩人在同一天休假的機率為何？
   (1) $\dfrac{1}{3}$　　(2) $\dfrac{8}{21}$　　(3) $\dfrac{7}{3}$　　(4) $\dfrac{10}{21}$　　(5) $\dfrac{11}{21}$

4. 試問有多少個整數 x 滿足 $10^9 < 2^x < 9^{10}$？

　(1) 1 個　　　(2) 2 個　　　(3) 3 個　　　(4) 4 個　　　(5) 0 個

5. 試問共有幾個角度 θ 滿足 $0° < \theta < 180°$，且 $\cos(3\theta - 60°), \cos 3\theta,$ $\cos(3\theta + 60°)$ 依序成一等差數列？

　(1) 1 個　　　(2) 2 個　　　(3) 3 個　　　(4) 4 個　　　(5) 5 個

6. 某貨品爲避免因成本變動而造成售價波動太過劇烈，當週售價相對於前一週售價的漲跌幅定爲當週成本相對於前一週成本的漲跌幅的一半。例如下表中第二週成本上漲 100%，所以第二週售價上漲 50%。依此定價方式以及下表的資訊，試選出正確的選項。

【註：成本漲跌幅 $= \dfrac{\text{當週成本} - \text{前週成本}}{\text{前週成本}}$，

售價漲跌幅 $= \dfrac{\text{當週售價} - \text{前週售價}}{\text{前週售價}}$。】

	第一週	第二週	第三週	第四週
成本	50	100	50	90
售價	120	180	x	y

　(1) $120 = x < y < 180$　　　　　(2) $120 < x < y < 180$

　(3) $x < 120 < y < 180$　　　　　(4) $120 = x < 180 < y$

　(5) $120 < x < 180 < y$

7. ΔABC 內接於圓心爲 O 之單位圓。若 $\overrightarrow{OA} + \overrightarrow{OB} + \sqrt{3}\,\overrightarrow{OC} = \vec{0}$，則 $\angle BAC$ 之度數爲何？

　(1) $30°$　　　(2) $45°$　　　(3) $60°$　　　(4) $75°$　　　(5) $90°$

二、多選題（占 25 分）

說明：第 8 題至第 12 題，每題有 5 個選項，其中至少有一個是正確的選項，請將正確選項畫記在答案卡之「選擇（填）題答案區」。各題之選項獨立判定，所有選項均答對者，得 5 分；答錯 1 個選項者，得 3 分；答錯 2 個選項者，得 1 分；答錯多於 2 個選項或所有選項均未作答者，該題以零分計算。

8. 某年學科能力測驗小華的成績為：國文 11 級分、英文 12 級分、數學 9 級分、自然 9 級分、社會 12 級分。他考慮申請一些校系，表 1 為大考中心公布的學測各科成績標準；表 2 是他最有興趣的五個校系規定的申請檢定標準，依規定申請者需通過該校系所有檢定標準才會被列入篩選。例如甲校系規定國文成績須達均標、英文須達前標、且社會須達均標；丙校系則規定英文成績須達均標、且數學或自然至少有一科達前標。表 2 空白者表示該校系對該科成績未規定檢定標準。

表 1　學測各科成績標準

	頂標	前標	均標	後標	底標
國文	13	12	10	9	7
英文	14	12	9	6	4
數學	12	10	7	4	3
自然	13	11	9	6	5
社會	13	12	10	8	7

表 2　校系篩選規定

	國文	英文	數學	自然	社會
甲校系	均標	前標			均標
乙校系	前標	均標			前標
丙校系		均標	一科達前標		
丁校系	一科達前標			均標	均標
戊校系	均標	前標	均標	前標	

根據以上資訊，試問小華可以考慮申請哪些校系（會被列入篩選）？

(1) 甲校系　　　　(2) 乙校系　　　　(3) 丙校系

(4) 丁校系　　　　(5) 戊校系

9. 已知多項式 $f(x)$ 除以 $x^2 - 1$ 之餘式為 $2x + 1$。試選出正確的選項。

(1) $f(0) = 1$　　　　　　　(2) $f(1) = 3$

(3) $f(x)$ 可能為一次式　　　(4) $f(x)$ 可能為 $4x^4 + 2x^2 - 3$

(5) $f(x)$ 可能為 $4x^4 + 2x^3 - 3$

10. 已知坐標平面上 $\triangle ABC$，其中 $\overrightarrow{AB} = (-4,3)$，且 $\overrightarrow{AC} = \left(\dfrac{2}{5}, \dfrac{4}{5}\right)$。

試選出正確的選項。

(1) $\overline{BC} = 5$　　　　　　　(2) $\triangle ABC$ 是直角三角形

(3) $\triangle ABC$ 的面積為 $\dfrac{11}{5}$　　(4) $\sin B > \sin C$

(5) $\cos A > \cos B$

11. 坐標空間中，設直線 $L : \dfrac{x-1}{2} = \dfrac{y-2}{-3} = \dfrac{z}{-3}$，平面 $E_1 : 2x - 3y - z = 0$，平面 $E_2 : x + y - z = 0$。試選出正確的選項。

(1) 點 $(3,0,-1)$ 在直線 L 上

(2) 點 $(1,2,3)$ 在平面 E_1 上

(3) 直線 L 與平面 E_1 垂直

(4) 直線 L 在平面 E_2 上

(5) 平面 E_1 與 E_2 交於一直線

12. 試問下列哪些選項中的二次曲線，其焦點（之一）是拋物線

$y^2 = 2x$ 的焦點？

(1) $y = (x - \frac{1}{2})^2 - \frac{1}{4}$

(2) $\frac{x^2}{4} + \frac{y^2}{3} = 1$

(3) $x^2 + \frac{4y^2}{3} = 1$

(4) $8x^2 - 8y^2 = 1$

(5) $4x^2 - 4y^2 = 1$

第貳部分：選填題（占 40 分）

說明：1. 第 A 至 H 題，將答案畫記在答案卡之「選擇（填）題答案區」所標示的列號（13–33）。

　　　2. 每題完全答對給 5 分，答錯不倒扣，未完全答對不給分。

A. 已知坐標平面上三點 (3,log3)、(6,log6) 與 (12,y) 在同一直線上，

則 $y = \log$ ⑬⑭ 。

B. 如右圖所示（只是示意圖），將梯子 $\overline{AB}$
靠在與地面垂直的牆 AC 上，測得與水平
地面的夾角 $\angle ABC$ 為 60°。將在地面上的
底 B 沿著地面向外拉 51 公分到點 F（即
$\overline{FB} = 51$公分），此時梯子 $\overline{EF}$ 與地面的
夾角 $\angle EFC$ 之正弦值為 $\sin \angle EFC = 0.6$，
則梯子長 $\overline{AB} = $ ⑮⑯⑰ 公分。

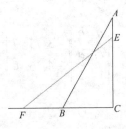

C. 平面上兩點 A、B 之距離為 5，以 A 為圓心作一半徑為 r（$0 < r$ < 5）的圓 Γ，過 B 作圓 Γ 的切線，切點（之一）為 P。當 r 變動 時，$\triangle PAB$ 的面積最大可能值為 $\dfrac{\text{⑱⑲}}{\text{⑳}}$。（化成最簡分數）

D. 坐標平面上，圓 Γ 完全落在四個不等式：$x - y \leq 4$、$x + y \leq 18$、 $x - y \geq -2$、$x + y \geq -24$ 所圍成的區域內。則 Γ 最大可能面積為 $\dfrac{\text{㉑}}{\text{㉒}} \pi$。（化成最簡分數）

E. 坐標平面上，若拋物線 $y = x^2 + 2x - 3$ 的頂點為 C，與 x 軸的交點 為 A、B，則 $\cos \angle ACB = \dfrac{\text{㉓}}{\text{㉔}}$。（化成最簡分數）

F. 設 a, b, c, d, e, x, y, z 皆為實數，考慮矩陣相乘：

$$\begin{bmatrix} a & b \\ c & d \\ 1 & 2 \end{bmatrix} \begin{bmatrix} -3 & 5 & 7 \\ -4 & 6 & e \end{bmatrix} = \begin{bmatrix} 3 & x & 7 \\ 0 & y & 7 \\ -11 & z & 23 \end{bmatrix},$$

則 $y = \dfrac{\text{㉕}}{\text{㉖}}$。（化成最簡分數）

G. 設 D 爲 $\triangle ABC$ 中 $\overline{BC}$ 邊上的一點，已知 $\angle ABC = 75°$、$\angle ACB = 45°$、$\angle ADB = 60°$。若 $AD = s\,AB + t\,AC$，則 $s = \dfrac{\text{㉗}}{\text{㉘}}$，

$t = \dfrac{\text{㉙}}{\text{㉚}}$。（化成最簡分數）

H. 將一塊邊長 $\overline{AB} = 15$ 公分、$\overline{BC} = 20$ 公分的長方形鐵片 $ABCD$ 沿對角線 $\overline{BD}$ 對摺後豎立，使得平面 ABD 與平面 CBD 垂直，則 A、C 兩點（在空間）的距離 $\overline{AC} = \sqrt{\text{㉛㉜㉝}}$ 公分。（化成最簡根式）

參考公式及可能用到的數值

1. 首項爲 a，公差爲 d 的等差數列前 n 項之和爲 $S = \dfrac{n(2a + (n-1)d)}{2}$

   首項爲 a，公比爲 $r\,(r \neq 1)$ 的等比數列前 n 項之和爲 $S = \dfrac{a(1 - r^n)}{1 - r}$

2. 三角函數的和角公式：
$$\sin(A + B) = \sin A \cos B + \cos A \sin B$$
$$\cos(A + B) = \cos A \cos B - \sin A \sin B$$
$$\tan(A + B) = \frac{\tan A + \tan B}{1 - \tan A \tan B}$$

3. $\triangle ABC$ 的正弦定理：$\dfrac{a}{\sin A} = \dfrac{b}{\sin B} = \dfrac{c}{\sin C} = 2R$

   （R 爲 $\triangle ABC$ 外接圓半徑）

   $\triangle ABC$ 的餘弦定理：$c^2 = a^2 + b^2 - 2ab\cos C$

4. 一維數據 $X : x_1, x_2, \ldots, x_n$,

算術平均數 $\mu_X = \dfrac{1}{n}(x_1 + x_2 + \cdots + x_n) = \dfrac{1}{n}\displaystyle\sum_{i=1}^{n} x_i$

標準差 $\sigma_X = \sqrt{\dfrac{1}{n}\displaystyle\sum_{i=1}^{n}(x_i - \mu_X)^2} = \sqrt{\dfrac{1}{n}\left(\left(\displaystyle\sum_{i=1}^{n} x_i^2\right) - n\mu_X^2\right)}$

5. 二維數據 $(X, Y) : (x_1, y_1), (x_2, y_2), \ldots, (x_n, y_n)$,

相關係數 $r_{X,Y} = \dfrac{\displaystyle\sum_{i=1}^{n}(x_i - \mu_X)(y_i - \mu_Y)}{n\sigma_X\sigma_Y}$

迴歸直線（最適合直線）方程式 $y - \mu_Y = r_{X,Y} = \dfrac{\sigma_Y}{\sigma_X}(x - \mu_X)$

6. 參考數值： $\sqrt{2} \approx 1.414$, $\sqrt{3} \approx 1.732$, $\sqrt{5} \approx 2.236$, $\sqrt{6} \approx 2.449$,

$\pi \approx 3.142$

7. 對數值： $\log_{10} 2 \approx 0.3010$, $\log_{10} 3 \approx 0.4771$, $\log_{10} 5 \approx 0.6990$,

$\log_{10} 7 \approx 0.8451$

8. 角錐體積 $= \dfrac{1}{3}$ 底面積 × 高

107年度學科能力測驗數學科試題詳解

第壹部分：選擇題

一、單選擇

1. 【答案】(4)

   【解析】 在空間中，使 $\overline{PM} = \dfrac{\sqrt{3}}{2}\overline{PA}$ 的所有 P 點

   （M 為 $\overline{AB}$ 中點）形成的軌跡為一圓

   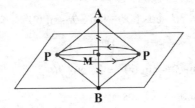

2. 【答案】(3)

   【解析】 $P = \dfrac{1}{5^{10}} = (\dfrac{1}{5})^{10} = 0.2^{10} = 0.0000001024$

   $\doteqdot 1.024 \times 10^{-7} \doteqdot 10^{-7}$

3. 【答案】(5)

   【解析】 $1 - P$（2人選的休假皆不同天）

   $$= 1 - \frac{C_2^7 C_2^5}{C_2^7 \times C_2^7} = 1 - \frac{C_2^5}{C_2^7} = 1 - \frac{10}{21} = \frac{11}{21}$$

   甲 乙

4. 【答案】(2)

   【解析】$\xrightarrow{\text{取 log}}$ $\log 10^9 < \log 2^x < \log 9^{10}$

   $\xrightarrow{} 9 < x \cdot \log 2 < 10 \times 0.9542$

   $\xrightarrow{\div \log 2} \dfrac{9}{0.3010} < x < \dfrac{9.542}{0.3010}$

   $\xrightarrow{} 29.\text{---} < x < 31.\text{---}$

5. 【答案】(3)

   【解析】∵ 三數成等差

   ∴ $\cos(3\theta - 60°) + \cos(3\theta + 60°) = 2 \cdot \cos 3\theta$

   → $\cos 3\theta \cdot \underbrace{\cos 60°}_{1/2} + \sin 3\theta \cdot \sin 60° + \cos 3\theta \cdot \underbrace{\cos 60°}_{1/2}$

   $- \sin 3\theta \cdot \sin 60° = 2 \cdot \cos 3\theta$

   → $\cos 3\theta = 2 \cdot \cos 3\theta$

   → $\cos 3\theta = 0$

   又 $0° < \theta < 180°$

   ∵ $0° < \theta < 540°$

   ∴ $3\theta = 90°$、$270°$、$450°$

   $\theta = 30°$、$90°$、$150°$

6. 【答案】(5)

   【解析】∵ $\left(\dfrac{50 - 100}{100}\right) \times \dfrac{1}{2} = \left(\dfrac{x - 180}{180}\right)$

   ∴ $-25\% = \dfrac{x - 180}{180}$

   ∴ $x = 135$

同理：$\left(\dfrac{90-50}{50}\right) \times \dfrac{1}{2} = \dfrac{y-135}{135}$

$\therefore 40\% = \dfrac{y-135}{135}$

$\therefore y = 189$

$\therefore 120 < x < 180 < y$

7. 【答案】(4)

【解析】$\because \overrightarrow{OA} + \overrightarrow{OB} + \sqrt{3}\,\overrightarrow{OC} = \vec{0}$

$\therefore \overrightarrow{OB} + \sqrt{3}\,\overrightarrow{OC} = -\overrightarrow{OA}$

$\rightarrow \left|\overrightarrow{OB} + \sqrt{3}\overrightarrow{OC}\right|^2 = \left|-\overrightarrow{OA}\right|^2$

$\rightarrow \left|\overrightarrow{OB}\right|^2 + 2\sqrt{3}\,\overrightarrow{OB}\cdot\overrightarrow{OC} + 3\left|\overrightarrow{OC}\right|^2 = \left|\overrightarrow{OA}\right|^2$

$\rightarrow 1 + 3 + 2\sqrt{3} \times 1 \times 1 \times \cos\theta = 1$

$\rightarrow \cos\theta = -\dfrac{\sqrt{3}}{2} \rightarrow \theta = 150° \rightarrow \angle BAC = 75°$

二、多選題

8. 【答案】(1) (4)

【解析】乙校系：國文未達前標

丙校系：數學及自然均為達前標

戊校系：自然未達前標

9. 【答案】(2) (3) (5)

【解析】$f(x) = \underbrace{(x^2-1)}_{\text{除}} \cdot \underbrace{Q(x)}_{\text{商}} + \underbrace{(2x+1)}_{\text{餘}}$

被除　除　×　商　+　餘

×(1) $f(0) = (-1) \cdot Q(0) + 1 = 1$

○(2) $f(1) = 0 \cdot Q(1) + 3 = 3$

○(3) $f(x)$ 可能爲 $(2x + 1)$

×(4) $f(x)$ 必滿足 $\begin{cases} f(1) = 3 \\ f(-1) = -1 \end{cases}$,

但若 $f(x) = 4x^4 + 2x^2 - 3$,則 $f(-1) = 3$（不合）

○(5) 若 $f(x) = 4x^4 + 2x^3 - 3$,

∵ 有滿足 $\begin{cases} f(1) = 3 \\ f(-1) = -1 \end{cases}$ ∴ 可以

10. 【答案】(2) (3)

【解析】$\overrightarrow{BC} = \overrightarrow{AC} - \overrightarrow{AB} = \left(\dfrac{22}{5}, \dfrac{-11}{5} \right)$

(1) ∴ $|\overrightarrow{BC}| = \sqrt{\left(\dfrac{22}{5} \right)^2 + \left(\dfrac{-11}{5} \right)^2} = \dfrac{11\sqrt{5}}{5}$

(2) 又 $|\overrightarrow{AB}| = \sqrt{(-4)^2 + 3^2} = 5$

$|\overrightarrow{AC}| = \sqrt{\left(\dfrac{2}{5} \right)^2 + \left(\dfrac{4}{5} \right)^2} = \dfrac{2\sqrt{5}}{5}$

且 $|\overrightarrow{AC}|^2 + |\overrightarrow{BC}|^2 = |\overrightarrow{AB}|^2$

∴ $\triangle ABC$ 爲直角 $\triangle$

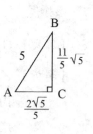

(3) $\triangle ABC$ 面積 $= \dfrac{1}{2} \times \dfrac{2\sqrt{5}}{5} \times \dfrac{11\sqrt{5}}{5} = \dfrac{11}{5}$

(4) $\sin B = \dfrac{2\sqrt{5}}{25} < \sin C = 1$

(5) $\cos A = \dfrac{2\sqrt{5}}{25} < \cos B = \dfrac{11\sqrt{5}}{25}$

11. 【答案】(3) (5)

　　【解析】×(1)　把 $(3,0,-1)$ 代入 L

　　　　　　　　　得：$\dfrac{3-1}{2} \neq \dfrac{0-2}{-3}$ 　　∴點不在 L 上

　　　　　　×(2)　把 $(1,2,3)$ 代入 E_1

　　　　　　　　　得：$2 - 6 - 3 \neq 0$ 　　∴點不在 E_1 上

　　　　　　○(3)　∵ $\overrightarrow{V_L} = (2,-3,-1)$ ∥ $\overrightarrow{N} = (2,-3,-1)$

　　　　　　　　　∴$L \perp E$

　　　　　　×(4)　把 L 上一點 $(1,2,0)$ 代入 E_2

　　　　　　　　　得：$1 + 2 - 0 \neq 0$ 　　∴L 不在 E_2 上

　　　　　　○(5)　∵ $\overrightarrow{N_1} = (2,-3,-1)$ 　　$\dfrac{2}{1} \neq \dfrac{-3}{1} \neq \dfrac{-1}{-1}$

　　　　　　　　　$\overrightarrow{N_2} = (1,1,-1)$ 　　∴$N_1 \nparallel N_2$

　　　　　　　　　即 E_1 與 E_2 相交於一直線

12. 【答案】(1) (3) (4)

　　【解析】$y^2 = 2x = 4 \cdot \dfrac{1}{2} \cdot x$

　　　　　　$\rightarrow C = \dfrac{1}{2}$

　　　　　　$\rightarrow \boxed{\text{焦點 } F(\dfrac{1}{2},0)}$

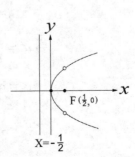

○(1) $(x-\frac{1}{2})^2 = 1 \cdot (y+\frac{1}{4})$

$\rightarrow C = \frac{1}{4}$、$V = (\frac{1}{2}, -\frac{1}{4})$

$\rightarrow F(\frac{1}{2}, -\frac{1}{4}+\frac{1}{4})$

$= F(\frac{1}{2}, 0)$

×(2) $\frac{x^2}{4} + \frac{y^2}{3} = 1$

$\rightarrow a^2 = 4$，$b^2 = 3$，

$c^2 = a^2 - b^2 = 1$

$\rightarrow a = 2$，$b = \sqrt{3}$，$c = 1$

○(3) $\frac{x^2}{1} + \frac{y^2}{\frac{3}{4}} = 1$

$\rightarrow a^2 = 1$，$b^2 = \frac{3}{4}$，

$c^2 = a^2 - b^2 = \frac{1}{4}$

$\rightarrow a = 1$，$b = \frac{\sqrt{3}}{2}$，$c = \frac{1}{2}$

○(4) $\frac{x^2}{\frac{1}{8}} - \frac{y^2}{\frac{1}{8}} = 1$

$\rightarrow a^2 = \frac{1}{8}$，$b^2 = \frac{1}{8}$，

$c^2 = a^2 + b^2 = \frac{1}{4}$

$\rightarrow c = \frac{1}{2}$ $\rightarrow F_1(\frac{1}{2}, 0)$，$F_2(-\frac{1}{2}, 0)$

$\times$(5)　$\dfrac{x^2}{\frac{1}{4}} - \dfrac{y^2}{\frac{1}{4}} = 1$

$\rightarrow a^2 = \dfrac{1}{4}$，$b^2 = \dfrac{1}{4}$，

$c^2 = a^2 + b^2 = \dfrac{1}{2}$

$\rightarrow c = \dfrac{1}{\sqrt{2}}$　$\rightarrow F_1(\dfrac{1}{\sqrt{2}}, 0)$

第貳部份：選填題

A.【答案】 log24

【解析】 ∵ 在同一直線上

∴ $\dfrac{\log 6 - \log 3}{\underset{1}{\cancel{6-3}}} \bcancel{=} \dfrac{y - \log 3}{\underset{3}{\cancel{12-3}}}$

$\rightarrow 3 \cdot \log \dfrac{6}{3} = y - \log 3$

$\rightarrow y = 3 \cdot \log 2 + \log 3 = \log(2^3 \times 3) = \log 24$

B.【答案】 170

【解析】 設 $\overline{AB} = x = \overline{EF}$

由題意知：$\overline{BC} = \dfrac{1}{2}x$

$\overline{AC} = \dfrac{\sqrt{3}}{2}x$

又 $\sin \angle EFC = \dfrac{3}{5}$　∴ $\cos \angle EFC = \dfrac{4}{5}$　∴ $\overline{CF} = \dfrac{4}{5}x$

∴ $\dfrac{1}{2}x + 51 = \dfrac{4}{5}x$　$\rightarrow x = 170$

C. 【答案】$\dfrac{25}{4}$

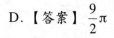

【解析】 由題意知

$\rightarrow r^2 + a^2 = 25$

求 $\Delta PAB = \dfrac{1}{2} \times a \times r$ 的最大值

又 $\dfrac{r^2 + a^2}{2} \ge \sqrt{r^2 \times a^2} = |a \times r| = ar$

$\rightarrow \dfrac{25}{2} \ge ar$ ∴ $\dfrac{25}{4} \ge \dfrac{1}{2} ar$

∴ ΔPAB 最大值 $= \dfrac{25}{4}$

D. 【答案】$\dfrac{9}{2}\pi$

【解析】 可知：

$2r = d_1(L_1, L_2)$

$= \dfrac{|4 - (-2)|}{\sqrt{1^2 + (-1)^2}}$

$= \dfrac{6}{\sqrt{2}} = 3\sqrt{2}$

∴ $r = \dfrac{3}{2}\sqrt{2}$ ∴ 最大面積 $= \pi \times \left(\dfrac{3}{2}\sqrt{2}\right)^2 = \dfrac{9}{2}\pi$

$L_1 : x - y = -2$

$L_2 : x - y = 4$

$L_3 : x + y = 18$

$L_4 : x + y = -24$

E. 【答案】$\dfrac{3}{5}$

【解析】 $y = x^2 + 2x - 3 = (x+1)^2 - 4$

$= (x+3)(x-1)$

$\begin{cases} \overrightarrow{CA} = (2,4) \\ \overrightarrow{CB} = (-2,4) \end{cases}$

$$\therefore \cos\theta = \frac{\overrightarrow{CA} \cdot \overrightarrow{CB}}{|\overrightarrow{CA}||\overrightarrow{CB}|}$$

$$= \frac{-4 + 16}{\sqrt{20} \cdot \sqrt{20}}$$

$$= \frac{12}{20} = \frac{3}{5}$$

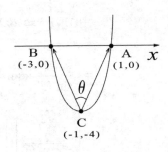

F.　【答案】$\dfrac{7}{2}$

　　【解析】　由題意知：

$$\begin{cases} -3c - 4d = 0 & ——① \\ 7c + ed = 7 & ——② \\ 7 + 2e = 23 & \rightarrow e = 8 \text{ 代回①②} \end{cases}$$

得：$\begin{cases} -3c - 4d = 0 \\ 7c + 8d = 7 \end{cases} \rightarrow \begin{cases} c = 7 \\ d = -\dfrac{21}{4} \end{cases}$

又 $5c + 6d = y$　$\therefore y = \dfrac{7}{2}$

G.　【答案】$s = \dfrac{1}{3}$，$t = \dfrac{2}{3}$

　　【解析】　在 ΔABD 中

$$\frac{\overline{BD}}{\sin 45°} = \frac{\overline{AD}}{\sin 75°} \quad ——①$$

在 ΔACD 中

$$\frac{\overline{CD}}{\sin 15°} = \frac{\overline{AD}}{\sin 45°} \quad ——②$$

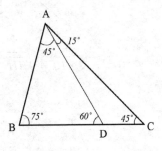

由①②　$\Rightarrow \overline{BD} : \overline{CD}$

$$= \left(\overset{1}{\overbrace{\dfrac{\overline{AD}}{\sin 75^\circ}}} \times \sin 45^\circ \right) : \left(\overset{1}{\overbrace{\dfrac{\overline{AD}}{\sin 45^\circ}}} \times \sin 15^\circ \right)$$

$$= \left(\dfrac{\dfrac{\sqrt{2}}{2}}{\dfrac{\sqrt{6}+\sqrt{2}}{4}} \right) : \left(\dfrac{\dfrac{\sqrt{6}-\sqrt{2}}{4}}{\dfrac{\sqrt{2}}{2}} \right) = 2:1$$

$\therefore$ 由內分點公式

$$\rightarrow \overline{AD} = \dfrac{1}{3}\overrightarrow{AB} + \dfrac{2}{3}\overrightarrow{AC}$$

H. 【答案】 $\sqrt{337}$

【解析】

$\Rightarrow \overline{AH} = \dfrac{20 \times \overset{3}{\cancel{15}}}{\underset{5}{\cancel{25}}} = 12 = \overline{CM}$

$\therefore \overline{MH} = 7$

$\Rightarrow \overline{CH} = \sqrt{7^2 + 12^2}$

$\qquad = \sqrt{193}$

$\therefore \overline{AC} = \sqrt{\overline{AH}^2 + \overline{CH}^2} = \sqrt{144 + 193} = \sqrt{337}$

107 年大學入學學科能力測驗試題
社會考科

單選題（占 144 分）

說明：第 1 題至第 72 題皆計分。每題有 4 個選項，其中只有一個是正確或最適當的選項，請畫記在答案卡之「選擇題答案區」。各題答對者，得 2 分；答錯、未作答或畫記多於一個選項者，該題以零分計算。

1. 依據教育部頒布的「輔導與管教學生辦法注意事項」，通常學校行政人員或老師不能搜查學生身體與私人物品，除非發現特定學生涉嫌犯罪或攜帶違法物品，或為了避免緊急危害等特殊情況，才能進行搜查。對於此種管教行為的約束，最主要是基於哪一個理由？
   (A) 保障學生的財產自由權　　(B) 保障校園的秩序與安全
   (C) 保障學生尊嚴與人格權　　(D) 保障校園師生倫理和諧

2. 假設在 2010 年代有甲、乙、丙、丁、戊五個國家，以下為這些國家的一些特色：
   甲國：人民需要負擔高額的綜合所得稅，稅率級距最高達百分之四十至五十
   乙國：有蓬勃發展的國際與國內的非政府組織，人民可以自由地組織或參加
   丙國：以國民生產毛額計算，國營企業對該國的貢獻度為民營企業的 1.5 倍
   丁國：擁有先進的資訊統計科技，可完全監控該國新聞以及社交媒體的內容
   戊國：不論性別或信仰有何差異，國民只要達到一定年齡都有服兵役的義務

比較以上國家的政府與人權保障，下列推論何者最正確？
(A) 甲國與戊國都不屬於自由民主的國家
(B) 甲國與丙國應有強大社會運動與政黨
(C) 乙國與丁國對言論自由保障落差很大
(D) 丁國與戊國對隱私權的保護情形接近

3. 為保護青少年身心健康，法律限制媒體刊載過度描述（繪）血腥、色情細節之文字或圖片，下列敘述何者正確？
(A) 此種限制的規範目的主要在於防止妨礙他人自由
(B) 此限制手段類似立法禁止在校園內販售含糖飲料
(C) 此限制涉及憲法所保障的記者職業自由及工作權
(D) 此限制涉及憲法所保障的兒童及青少年人身自由

4. 小華一家五口住在某市一棟老舊公寓裡，某日市政府將小華家公寓劃入住宅都市更新案的範圍，並且核定建商對該地區所提出來的都市更新計畫案，准予實施。小華一家人如不服市政府的核定，希望進行救濟，其救濟途徑的屬性與下列何者最相似？
(A) 私立學校學生接到學校以掛號信通知其遭到退學
(B) 公立學校學生認為老師不當體罰造成其身心受傷
(C) 公立學校校方通知文具供應廠商將解除買賣契約
(D) 私立學校教師收到學校通知下學期不再繼續聘用

5. 電視新聞報導，某公司員工們在手機通訊軟體中取名為「員工專屬，老闆不要看」的公司員工群組聊天室裡，集體發洩工作上的不滿。幾位員工忍不住以難聽字眼辱罵老闆，老闆知道後，憤而告上法院。幾位罵人的員工，都被法院依照公然侮辱罪判刑。小明跟小玉看了新聞後，有以下之討論，請問哪一個觀念正確？
(A) 基於刑罰一般預防理論，辱罵者被判刑能讓罵人的員工們反省其行為不當

(B) 基於刑罰特別預防理論，辱罵者被判刑能達到嚇阻罵人員工們再犯的效果

(C) 基於罪刑法定主義，法條未載明聊天室辱罵行為有罪，員工不服可再上訴

(D) 基於刑法應報理論，辱罵者已得到應有的刑罰，老闆不可再請求民事賠償

6. 小民在公民老師指導下，著手撰寫一篇小論文，用民法以下兩條規定的關係為例進行討論：第 1084 條規定「子女應孝敬父母」，以及新增的第 1118 條之 1，規定子女可聲請法院判決減輕或免除對虐待或棄養子女的父母之扶養義務。根據上述判斷，小民的論文最可能探討哪一個議題？

(A) 處罰的最後手段性　　　(B) 私法的範圍與限制

(C) 道德的發展與實踐　　　(D) 道德的變遷與多元

7. 張家跟樓下鄰居之間因為房屋漏水而產生糾紛，下列哪種方式**不屬於**此種糾紛應採行的解決機制？

(A) 雙方坐下來自行簽訂維修費用和解契約

(B) 到派出所報案請求警察調查並進行調解

(C) 赴鄉鎮市調解委員會由委員來進行調解

(D) 至地方法院在法庭由法官當庭進行和解

8. 監獄行刑法准許監獄長官得閱讀所有受刑人往來書信之全部內容，被司法機關認定為過度限制受刑人的秘密通訊自由，其理由最可能與下列何種違反行政法原理原則之行為相同：

(A) 廠商排廢水造成環境污染，環保單位要求限期改善，未到期卻先行開罰

(B) 檢肅流氓條例以「欺壓善良、品行惡劣、遊蕩無賴」要件認定處罰流氓

(C) 行政機關廢止行政命令時，對合法權利受影響者，未採取合理補救措施

(D) 駕駛人臨停如廁，危害交通秩序情節輕微時，員警未經勸導即先開罰單

9. 若甲、乙兩小國均生產某產品，其進出口不影響國際價格。在自給自足的狀況下，該產品在甲國國內價格高於國際價格，但在乙國的國內價格則是低於國際價格。若兩國均開放自由貿易，對於兩國該產品市場所造成的影響下列何者正確？

(A) 甲國該產品的生產者收入上升

(B) 使該產品在乙國的消費量增加

(C) 將使該產品在兩國的價格相等

(D) 甲國福利下降但乙國福利上升

10. 國健署 2017 年宣布對免稅菸品課徵每包 20 元的健康福利捐，主要目的之一是爲了進一步降低菸害帶來的外部性。下列各項針對特定族群的政府政策中，哪一項的政策效果與前述政策最相似？

(A) 設置不分區立委的婦女保障名額

(B) 每周提供國小學童飲用免費牛奶

(C) 免費提供身心障礙人士復康巴士

(D) 免費提供高齡國民施打流感疫苗

11. 臺灣地震頻繁，有時會造成災害，對此政府有許多因應措施與作爲。以經濟學觀點來解讀，以下各項政府作爲的性質與效果何者正確？

(A) 成立災害應變中心後所發布之最新災情，有公共財的特性

(B) 對受災戶進行補助與救濟，對國內生產毛額產生直接影響

(C) 向社會大衆募集二手物資，會增加各項產品的市場供給量

(D) 對地震災區進行房舍重建營造工程，可提高整體社會資本

12-13 為題組

◎ 某公民團體舉辦『流浪生活體驗營』，邀請年輕人參加 4 天 3 夜的街友生活體驗。主辦單位認為很多街頭流浪者都非自己選擇「看似遊手好閒」的生活，而是因為很多不得已的原因才成為「街友」。該活動包括讓體驗者做按日或按件計酬的粗工、資源回收等體力勞動，藉此微薄收入支付每天生活所需。

12. 就培養年輕公民的關懷與參與的情懷而言，該活動和下列何種公益行為的性質最為相似？
    (A) 定期擔任志工，前往植物人、老人等長照機構，提供免費的看護服務
    (B) 參加露宿、禁食三十小時並過夜，藉此募款並幫助世界各地飢餓孩童
    (C) 參加社會運動，抗議國家不注重貧富差距問題且忽視底層人民的需要
    (D) 利用節慶或假期，在火車站等公共場所幫助盲眼人或其他弱勢者義賣

13. 主辦單位認為用「遊民」的稱謂不妥，應要用「街友」來描述流浪者，其理由和下面何項主張最為相似？
    (A) 反對同性伴侶登記為配偶的權利
    (B) 反對原住民自願恢復其傳統姓名
    (C) 反對用新住民一詞稱呼外籍配偶
    (D) 反對將身體障礙者稱為殘障人士

14-15 為題組

◎ 假設某國屬地方分權國家，該國某地方政府最近依法完成該地方議會選區重劃和改選，圖 1 是部分選區長期以來的選民政黨支持比率，以及本次選區重劃前後的議會席次變化圖。

14. 依據圖文訊息判斷，該地方議會的選舉制度最可能是下列何者？

(A) 兩輪投票制

(B) 比例代表制

(C) 單一選區相對多數決制

(D) 複數選區相對多數決制

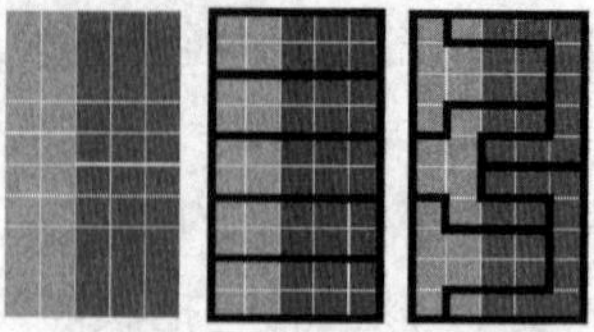

60%支持甲黨　選區重劃前　選區重劃後
40%支持乙黨　甲黨 5 席　　甲黨 2 席
　　　　　　　乙黨 0 席　　乙黨 3 席

圖 1

15. 依據圖文訊息推論，關於該地方的政黨政治生態，下列敘述何者最可能？

(A) 甲黨是該地的最大黨

(B) 選前的執政黨是乙黨

(C) 選前由單一政黨長期掌控行政權力

(D) 選後不同政黨分掌行政權與立法權

<u>16-17 為題組</u>

◎ 為了監督立法委員在國會的表現，學者與數個民間團體成立一個監督國會的聯盟，在立法院開會期間，觀察和記錄立法委員行使職權的狀況，並定期公布觀察記錄，以供民眾檢視與參考。

16. 關於該組織的性質、運作與功能，下列敘述何者最恰當？

(A) 因具有監督政府施政的功能，必須與政府和執政黨保持抗爭關係

(B) 該組織成立目的在於促進國家公共利益，其性質與利益團體不同

(C) 為確保組織的獨立自主性，不宜採取向政府機關遊說的運作方式

(D) 該組織發揮的功能，有助於政府資訊透明化並提升體制的正當性

17. 下列何者屬於該組織觀察和記錄的項目或內容？
(A) 同意考試委員之任命
(B) 解決直轄市間的爭議
(C) 解釋行政中立法疑義
(D) 提案彈劾涉弊的官員

18-19 為題組

◎ 某國政府之執政黨為國會多數黨，因政績不佳，民調持續低迷，引發要求首相下台的呼聲，該國已有多位執政黨籍的國會議員連署支持更換黨魁，要求舉行黨魁選舉。消息一出，引發國內股票市場震盪，多檔高價股的成交價格與數量均創下一個月新低的紀錄。

18. 依據題文訊息判斷該國的政治體制，下列敘述何者最可能？
(A) 該國屬於非競爭型的政黨體制
(B) 該國選舉制度採間接選舉制度
(C) 最高行政首長兼任政黨領導人
(D) 中央政府係採聯合內閣的模式

19. 若從供需關係的變化來解釋該國股市所發生的現象，下列選項何者為最正確？
(A) 需求大幅左移，供給不變或小幅右移
(B) 供給大幅左移，需求不變或小幅左移
(C) 需求大幅右移，供給不變或小幅右移
(D) 供給大幅右移，需求不變或小幅右移

20. 一位君主告誡大臣：前朝因為不斷加稅，造成民生困苦。不僅平時練兵要加稅，出兵遼東也要加稅，後來鎮壓民變、清剿海盜更要加稅，各項稅收超過兩千萬兩。「我朝」為民謀利，首先應當免除這些苛捐雜稅。這位君主所說的「我朝」應是：
(A) 唐　　　(B) 宋　　　(C) 明　　　(D) 清

21. 學者在東漢晚期遺址中發現許多銅鏡、畫像磚,多有「東王公」、「西王母」畫像,石印上也鐫刻「大山武帝神仙印」字樣,指出:這些器物可以反映當地的□□□□。□□□□應當是:
    (A) 神仙方術
    (B) 佛教信仰
    (C) 儒家禮法
    (D) 祖先祭祀

22. 有人指出:雖然參加科舉可以成為官員,但道路艱辛,以蘇州府所轄八個州縣為例,總共有 1,500 個生員,但三年之內可以通過科舉者不足 50 人,成功率只有三十分之一。無法進入仕途者往往改行經商,有「士而成功也十之一,賈而成功者十之九」的說法。此人指出的現象最可能出現於哪一朝代?
    (A) 東漢
    (B) 唐初
    (C) 宋初
    (D) 明末

23. 一位外國傳教士回憶傳教時的遭遇:當地久旱不雨,百姓認為是建洋教堂造成,許多人包圍教堂,意圖生事,官府派遣官兵保護教士,僵持不下。稍後,天降大雨,百姓才紛紛散去。這最可能發生在:
    (A) 820 年代廣州
    (B) 1840 年代天津
    (C) 1880 年代濟南
    (D) 1920 年代臺北

24. 某一國際會議召開時,中華民國政府指出:會議摒除我國於會議之外,此為我國之辱。中華人民共和國當局也對該會議提出抗議,指出該會議背棄國際義務,中國不予承認。該國際會議指的是:
    (A) 1945 年雅爾達會議
    (B) 1946 年聯合國第一次大會
    (C) 1951 年舊金山和會
    (D) 1955 年的第一次亞非會議

25. 古波斯人及羅馬人對統治者表示敬意時，往往親吻其腳部或足
印，稱為吻足禮。後來有人自認是使徒彼得的繼承人，也享有吻
足禮特權，凡是授予大主教職位、為皇帝加冕、接待諸侯時，都
應行吻足禮。他也可以廢止任何命令，乃至罷免皇帝，解除臣民
對暴君的義務。這人最可能是：
(A) 八、九世紀時人稱大帝的法蘭克王查理
(B) 十一世紀改革教會的教宗格列哥里七世
(C) 十六世紀中的主張改革教會的馬丁路德
(D) 十七世紀主張「朕即國家」的路易十四

26. 一本地理書記載：佛郎機人抵達呂宋，願與呂宋互市。向呂宋王
請求土地建屋，經營商業。後來反包圍呂宋，殺其王，逐其民，
而控制呂宋，繼續與中華貿易。華人前往呂宋貿易者，實際是與
佛郎機通商。這段記載中的佛郎機人應是指：
(A) 十三世紀的阿拉伯商人　　(B) 十五世紀的義大利商人
(C) 十七世紀的西班牙商人　　(D) 十九世紀的英格蘭商人

27. 學者發現許多三國時代吳國的文獻資料，包括《隱核（查核）新
占民簿》、《隱核州軍吏父兄子弟簿》、《兵曹徙作部工師及妻子
簿》、《郡縣吏兄弟叛走人名簿》、《生口買賣簿》等。這些簿册的
作用應是：
(A) 掌控各類人口，增加稅收　(B) 強迫職業世襲，確保生產
(C) 因應戰爭需要，強制徵兵　(D) 分析人民壽命，發展醫學

28. 十七世紀時，某國曾響應共同抵禦伊斯蘭教入侵的號召，出兵加
入歐洲聯軍，國勢頗強。其後，強大貴族勢力開始侵凌王權，內
部爭鬥不斷，國勢逐漸衰落，引起鄰國覬覦，終遭列強瓜分，消
失於歐洲政治版圖，第一次世界大戰後雖得復國，第二次世界大
戰期間又遭佔領，戰後才得再度建國。這個國家是：
(A) 義大利　　(B) 奧地利　　(C) 希臘　　(D) 波蘭

29. 東北亞地區發生衝突之際,一位美國官員建議其政府,應當採取
    具體措施援助臺灣。他指出:「保衛臺灣人民利益及維護太平洋
    地區和平與安全的計畫,如果僅由聯合國推動,不可能有任何效
    果。只能由美國提這種方案,才會符合各方期待而且有效。」此
    人說話的時機最可能是:
    (A) 1947 年,臺灣發生動亂,美國計畫穩定臺灣局勢
    (B) 1951 年韓戰爆發之後,美國決定強化其東亞政策
    (C) 1971 年我退出聯合國時,美國努力安定臺灣民心
    (D) 1978 年底中美斷交時,美國要保障其在臺灣利益

30. 學者記載他們見到一些外國經書與油畫:經書使用薄而堅好的白
    紙,兩面印刷,文字皆橫行。封面裱裝精美,還以「綵罽」(毛
    織品)、金寶裝飾,外面再以皮革包覆。油畫則是神采艷發,氣
    韻若生,認爲「中土未曾有」。學者所見的經書最可能是:
    (A) 漢代自印度傳入中國的佛經　(B) 唐代回紇部落使用的古蘭經
    (C) 明末耶穌會士的基督教經書　(D) 民國初年教會學校中的聖經

31. 一位作家在自傳中提到:1913 年,他 10 歲時,父親幫他剪辮
    子,全家人跪在祖先牌位前痛哭流涕,懺悔子孫不肖,未能盡
    節;還表示希望將來政局改變後,能再留髮辮,以報祖宗之靈。
    他剪辮後入學就讀,但因沒有說「國語」,遭教師毆打,並逐出
    校門。這位作家 10 歲時最可能生活於:
    (A) 東北長春　　(B) 北京城中　　(C) 上海租界　(D) 臺灣臺中

32. 1974 年,印尼當局發現一名在叢林中躲藏的「野人」。這個「野
    人」表示:爲避免被「敵人」發現,不敢進入附近村落,自己耕
    種,獵捕野生動物維生,就這樣度過數十年,對外界事務,毫不
    知情。日本駐印尼使館派人前往探視,野人才知道戰爭早已結
    束。幾個月後,他搭飛機抵達臺灣。這個「野人」身分應當是?

(A) 參加東南亞作戰的高砂義勇軍

(B) 國共內戰之後撤出大陸的國軍

(C) 越戰爆發後逃往東南亞的華僑

(D) 印尼排華時，躲藏山區的華人

33. 孔子曾說：「夏禮吾能言之，杞不足徵也。殷禮吾能言之，宋不足徵也。文獻不足故也，足則吾能徵之矣。」他的遺憾，後代學者因為「新方法」而能夠逐漸填補夏、商兩代歷史的空白。這種「新方法」是：

(A) 唐代以後的地理學知識發達

(B) 宋代的司馬光重新考證史記

(C) 明清學者發展訓詁與文字學

(D) 現代建立考古與甲骨文知識

34. 表 1 為某次戰爭中，德意志地區共同組成聯軍的兵力配置表。此次作戰，德意志聯軍利用火車運輸，快速造成對手國極大損失，該國被迫簽訂條約，割地賠款，結束戰局。其政府威信大失，帝制遭到廢除，改行共和。這場戰爭最可能是：

表 1

	步兵	騎兵	大砲
北德同盟	385,600	48,000	1,284
巴伐利亞王國	50,000	5,500	192
威登堡	15,000	1,500	54
巴登	11,700	1,800	54

(A) 1806 年反法同盟戰爭　　(B) 1866 年的普奧戰爭

(C) 1870 年的德法戰爭　　(D) 1914 年一次世界大戰

35. 某人蒐集去印度旅遊的相關資料，發現最普遍的說法是：「11 月至次年 2 月是前往該國旅遊的旺季。」最主要原因為何？

(A) 氣候乾爽宜人　　　　　(B) 天然災害較少

(C) 佛教祭典頻繁　　　　　(D) 度冬候鳥雲集

36. 臺灣傳統民宅的建材，不同的族群配合環境特性，就地取材而有竹管屋、土埆厝、石板屋、茅草屋等形式。照片 1 是某族群的傳統民宅，該種形式的民宅最可能出現在下列何處？

照片 1

(A) 澎湖群島　　　　　(B) 埔里盆地

(C) 花東縱谷北部　　　　　(D) 中央山脈南段

37. 臺灣某科技公司從事研發、設計、製造電子產品及其週邊設備與零組件，是一個具有設計、製造能力和整合服務的公司。在其全球布局地圖中，總部位於臺北，製造中心散處臺灣、中國及歐、美各地；設計中心設於臺北、上海、蘇州和重慶，服務中心則遍及臺灣、美國、巴西、日本等地。該公司能夠如此布局的原因為何？

(A) 交通資訊革新快速　　　　　(B) 國際勞工遷移頻繁

(C) 地理資訊系統健全　　　　　(D) 產品生命週期延長

38. 照片 2 為某處的山峰鳥瞰景觀。該種形式的山峰景觀，在下列哪地區分布最普遍？

(A) 澳洲大分水嶺山脈

(B) 南美洲安地斯山脈

(C) 歐洲阿爾卑斯山脈

(D) 亞洲喜馬拉雅山脈

照片 2

39. 照片 3 是臺灣某國家風景區的產業文化地景，圖 2 為臺灣四大區域內重要都市的各月水平衡狀況。該國家風景區最可能位於圖 2 中哪個都市所在的區域內？

照片 3

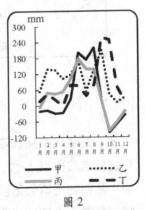

圖 2

(A) 甲　　　　(B) 乙　　　　(C) 丙　　　　(D) 丁

40. 近年來臺灣青年經常到海外度假打工，至 2017 年 07 月止，與我國簽訂度假打工協定的國家有澳洲、紐西蘭、日本、加拿大、韓國、英國、愛爾蘭、德國、比利時、匈牙利、斯洛伐克、波蘭、奧地利、捷克及法國等 15 國，吸引國內青年踴躍參與。與我國簽訂度假打工協定的國家，以分布於下列哪個自然景觀帶者為數最多？

(A) 溫帶常綠林景觀帶　　　　(B) 溫帶落葉林景觀帶
(C) 溫帶灌木林景觀帶　　　　(D) 寒帶針葉林景觀帶

41. 1409 年鄭和率船隊從長江口出發第三次下西洋，航經東海、南海、麻六甲海峽、安達曼海及孟加拉灣，再繞過南印度至阿拉伯海，造訪沿岸許多地區。圖 3 是四種氣壓梯度及風向模式圖。鄭和船隊在安達曼海及孟加拉灣海域，最可能遭遇圖 3 中哪個氣壓梯度及風向模式圖所代表的風暴？

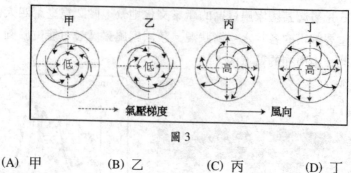

圖3

(A) 甲　　　　　(B) 乙　　　　　(C) 丙　　　　　(D) 丁

42. 「廍」是清代某種農產品加工製造的工坊，臺灣有許多地方因設
　　有這種工坊而以「廍」為地名，如廍仔、保長廍、柏腳廍等。
　　圖4是四個地區的氣溫雨量圖。「廍」所加工製造的農產品，在
　　哪個氣溫雨量圖所代表的氣候區內栽培最盛？

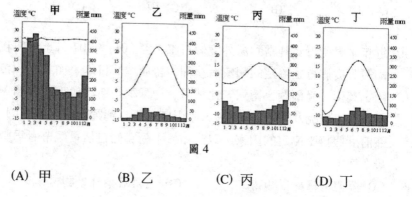

圖4

(A) 甲　　　　　(B) 乙　　　　　(C) 丙　　　　　(D) 丁

43. 中國的沙塵暴主要發生在北方地區，其中南疆盆地、青海西南
　　部、西藏西部及內蒙古中西部和甘肅中北部是沙塵暴的多發區，
　　以春季發生的頻率最高。據統計，沙塵暴捲起的沙塵，80% 往日
　　韓方向傳送，最遠到達美國；約 20% 往東南傳送到華南，甚至到
　　達臺灣。「沙塵暴捲起的沙塵，80% 往日韓方向傳送，最遠到達
　　美國。」此現象和沙塵暴哪特性關係最密切？

(A) 沙塵暴多發區均位於西風帶中

(B) 不合理的土地開發導致沙塵暴頻率增高

(C) 造成沙塵暴的最大主因是土地沙漠化不斷擴張

(D) 春季乾旱少雨，氣溫升高，冷空氣活躍，是沙塵暴活躍的主因

44. 圖 5 是某國 2016 年的人口金字塔，從人口金字塔的資料判斷，該國目前最可能推動下列哪些政策？

甲、推動晚婚晚育政策

乙、發展老齡安養制度

丙、推動學校小班教學

丁、積極鼓勵節育計畫

(A) 甲乙　　　　(B) 甲丁

(C) 乙丙　　　　(D) 丙丁

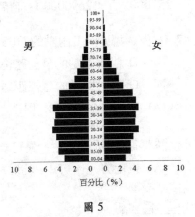

圖 5

45. 圖 6 所示的標誌在許多國家或地區是消費者選購食物或食品的重要參考。該標誌的功能，和下列何者關係最密切？

(A) 殖民經驗

(B) 種姓制度

(C) 多元文化

(D) 宗教信仰

圖 6

46. 西班牙南部某家紅酒商最近希望擴大其紅酒的產區，他打算選擇一個文化、語言和氣候與本國相似的地區作為投資的對象，請問下列哪個地區最適合這家紅酒商的投資？

(A) 智利中部　　　　(B) 澳洲西南部

(C) 菲律賓南部　　　　(D) 哥倫比亞北部

47-48 為題組

◎ 某生在 O 點拍攝一張照片得知其 GPS 資訊為（時間：13 點 30 分 15 秒、X：252000、Y：2687000），順著山路蜿蜒步行一段距離後，在 T 點拍攝另一張照片（時間：14 點 40 分 35 秒、X：257000、Y：2690000）。請問：

47. 若僅透過 O、T 兩點的 GPS 資訊，可以推算下列哪些地理訊息
    甲、O 點到 T 點的最佳路徑　　乙、O 點到 T 點的步行時間
    丙、O 點到 T 點的直線距離　　丁、O 點到 T 點的步行速度
    (A) 甲乙　　　　(B) 甲丁　　　　(C) 乙丙　　　　(D) 丙丁

48. 該生從 O 點到 T 點，最可能是往哪個方向移動？
    (A) 東南方　　(B) 東北方　　(C) 西南方　　(D) 西北方

49-51 為題組

◎ 表 2 是澳大利亞、西班牙、美國、巴西等四個國家 2012 年國土面積及其土地利用類型比例資料，請問：

表 2

國家	國土面積（平方公里）	土地利用類型（%）				
		耕地	多年生作物	牧場	林地	其他
甲	9,826,630	16.8	0.3	27.4	33.3	22.2
乙	8,456,510	8.6	0.8	23.5	61.9	5.2
丙	7,692,024	6.2	0.1	47.1	19.3	27.3
丁	506,030	24.9	9.1	20.1	36.8	9.1

49. 某國大部分地區夏乾冬雨，雨季與生長季不能配合，傳統農業活動的特色是：河谷低地種植小麥、大麥，丘陵地區栽培耐旱果樹，較陡的坡地則從事畜牧。該國最可能是表 2 中的哪個國家？
    (A) 甲　　　　(B) 乙　　　　(C) 丙　　　　(D) 丁

50. 某國地質結構古老、位置孤立，境內有許多特有種生物，擁有「生物博物館」稱號。該國最可能是表 2 中的哪個國家？

(A) 甲 　　　　　　　　　　(B) 乙

(C) 丙 　　　　　　　　　　(D) 丁

51. 某國出口商品以鐵礦、黃豆、蔗糖、咖啡、化學木漿等為主，進口商品以原油、車輛及零配件、機械、電氣和運輸設備等為主；居民貧富差距大，殖民地式經濟色彩濃厚。該國最可能是表 2 中的哪個國家？

(A) 甲 　　　　　　　　　　(B) 乙

(C) 丙 　　　　　　　　　　(D) 丁

52-53 為題組

◎ 照片 4 甲是臺灣某地公廨改建的「太上龍頭忠義廟」；照片 4 乙是該廟的內部。祭壇供桌上有香爐、供花、長年燈和五個包裹紅色綢布的祀壺等，兩側還有稱為向缸的大水缸。請問：

照片 4

52.「祭壇供桌上的祀壺和兩側的向缸」，和下列何者關係最密切？

(A) 客家移民崇祀三山國王

(B) 平埔族群信仰的阿立祖

(C) 科舉考生祭拜文昌帝君

(D) 沿海漁村供奉媽祖娘娘

53. 照片 4 所示的祭祀場所，在下列哪個區域為數最多

    (A) 北部區域   (B) 中部區域

    (C) 南部區域   (D) 東部區域

54-55 為題組

◎ 某一朝代，因強敵入侵，皇帝從寧波乘船出逃，船隻在江南沿海躲藏以避追擊。四十天後敵軍撤退，皇帝才返回陸地。為了安全考量，皇帝決定在富庶的江南臨海地區建都，萬一強敵再侵時，才方便出海避難。請問：

54. 該事件最可能是：

    (A) 春秋時期的吳越相爭   (B) 三國時期的孫吳政權

    (C) 女真壓境時宋室南渡   (D) 滿清入關後南明諸王

55. 「船隻在江南沿海方便躲藏，可逃避敵軍追擊。」和該海域哪一特性關係最密切？

    (A) 季風交替波高浪大   (B) 潮差顯著海相多變

    (C) 沿岸海流方向不定   (D) 海岸曲折島嶼眾多

56-58 為題組

◎ 明清之際，移民臺灣的漢人多來自漳州、泉州、嘉應州、潮州和惠州等地區。圖 7 是根據 1926 年《臺灣在籍漢民族鄉貫別調查》的資料，以街、庄為單位繪製的「祖籍優佔區」分布圖。祖籍優佔區係指某一祖籍人口佔該地總人口比例最高的地區。圖 8 是某畫家的水彩畫作，主題為椰林圍繞的客家宗祠，圖 9 是臺灣四個縣市的輪廓圖。請問：

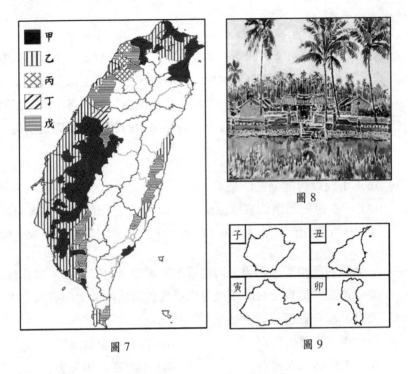

圖 7

圖 8

圖 9

56. 圖 7 中哪個圖例，最可能代表漳州人的優佔區？

　　(A) 甲　　　　(B) 乙　　　　(C) 丙　　　　(D) 丁

57. 清代某地方志對民間王爺信仰有如下記載：「各坊里社廟，以王
　　公大人稱者甚夥…廟宇大小不一，神像俱雄而毅；…王誕之辰，
　　設王醮二三晝夜，謂之送瘟。造木爲船，糊紙像三儀仗…告牒
　　畢，乃奉各紙像置船中…推船入水順流揚帆而去則已。」該王爺
　　信仰在哪祖籍優佔區最爲普遍？

　　(A) 甲　　　　(B) 乙　　　　(C) 丙　　　　(D) 丁

58. 圖 8 畫作內容展現的地景，在圖 9 中哪個行政區最爲常見？

　　(A) 子　　　　(B) 丑　　　　(C) 寅　　　　(D) 卯

59-60 為題組

◎ 課堂上，老師向學生介紹一本西方小說，內容寫道：主角一覺醒來，發現自己處在陌生環境中，資本家、企業家全部消失，土地、工廠、工具全屬公有；每個人可依照自己的興趣工作，工時不長，工作愉快，社會上每一項商品生產的數量恰能滿足所有人之需。請問：

59. 這本小說最可能描述的是：
    (A) 十二世紀西歐的莊園生活　　(B) 十七世紀的自由主義理念
    (C) 十九世紀的社會主義理想　　(D) 二十世紀的帝國主義藍圖

60. 老師請同學設想，如果是市場經濟，需要滿足以下哪一個條件，才可達到「社會上每一項商品生產的數量恰能滿足所有人之需」，而且又沒有資源浪費的結果？
    (A) 商品的價格固定　　　　　　(B) 沒有生產者剩餘
    (C) 工廠為私人擁有　　　　　　(D) 不存在市場失靈

61-63 為題組

◎ 某國的礦業一直是其經濟發展的主要動力，其政局長期紛擾不斷；1990 年，該國一位政治人物在演說中呼籲：「我國的未來只能是一個在不分膚色的基礎上，通過民主選舉而產生的機構來決定，也就是建立一個民主、不分膚色和統一的國家，白人壟斷政權的狀況必須結束。」該政治人物的理想逐漸成為事實，但國內經濟發展同時出現遲緩現象，直到 21 世紀初才逐漸復甦。請問：

61. 該政治人物演說的內容，與下列哪一項權利保障的主張最吻合？
    (A) 民主國家應該保障多元族群的文化差異
    (B) 保障少數族群權益才能提升政府合法性

(C) 保障多元族群的平等才能促進國家整合

(D) 民主國家應該保障少數族群的自決權利

62. 該政治人物最可能是：

(A) 歐巴馬（Barack Obama）

(B) 曼德拉（Nelson Rolihlahla Mandela）

(C) 甘地（Mohandas Karamchand Gandhi）

(D) 馬丁路德金恩（Martin Luther King）

63. 該國最可能是下列哪個區域性國際組織的成員國？

(A) 非洲聯盟（AU）

(B) 南方共同市場（Mercosur）

(C) 東南亞國家協會（ASEAN）

(D) 亞太經濟合作會議（APEC）

64-66 為題組

◎ 圖 10 畫作的主題經常出現於某一時期的西歐與南歐，這類畫作的
內容除貴族人物外，也常包括：地球儀、天體儀、四分儀、兩腳
規、星盤等。圖 11 是根據地理位置把歐洲劃分為四區的地圖；
表 3 是 2015 年四區的人類發展程度指數（HDI）。請問：

圖 10

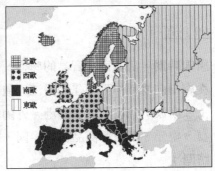

圖 11

表3

HDI 分區	HDI		
	最低國家	最高國家	平均
甲	0.895	0.949	0.921
乙	0.893	0.939	0.912
丙	0.748	0.890	0.829
丁	0.699	0.878	0.815

64. 根據畫作的內容，下列哪項推論最為合理？

   (A) 這是十三世紀的情況，說明時人熱衷航行前往耶路撒冷朝聖

   (B) 這是十六世紀的情況，說明航海已成為貴族交際的重要話題

   (C) 這是十八世紀的情況，說明巴黎沙龍聚會以天文星象為主題

   (D) 這是十九世紀的情況，說明工業革命後資本主義發展的盛況

65. 現代讀者在詮釋此畫作時，下列哪一概念最適合用來解釋該畫作
   代表的象徵意義？

   (A) 文化位階   (B) 性別傾向

   (C) 文化涵化   (D) 世界公民

66. 經常出現類似圖10畫作的西歐與南歐，最可能是表3中哪二區？

   (A) 甲乙   (B) 甲丁   (C) 乙丙   (D) 丙丁

67-69 為題組

◎ 唐宋時期，隨著南海貿易的興盛，外國船隻停靠的貿易港也逐漸
   從廣州向北延伸到福建和長江流域。繼廣州之後，泉州、明州
   （今寧波）也發展成大商港。外國商船將香料、珊瑚、瑪瑙、寶
   石、象牙、藥材等商品輸往中國，並購買大量中國產品運回。
   請問：

67. 唐宋時期從南海來華貿易的外國商人,以下列何者爲數最多?
    (A) 印度人　　　　　　　　(B) 馬來人
    (C) 義大利人　　　　　　　(D) 阿拉伯人

68. 外國商人從明州(今寧波)購買運回的主要商品爲何?
    (A) 蔗糖、樟腦
    (B) 樟腦、苧麻
    (C) 蔗糖、棉布
    (D) 瓷器、絲綢

69. 引文所述唐宋時期的貿易現象,最適合以下列哪一現代國際貿易
    特徵來詮釋?
    (A) 新通商港口的建立可降低交易成本
    (B) 貿易主要由商品的實用價值而發生
    (C) 海外貿易興盛可帶動國內產業升級
    (D) 國際貿易可帶動金融業的蓬勃發展

70-72 爲題組

◎ 近幾年,許多非洲難民湧入歐洲,國際移民組織(OIM)統計,
2016 年湧入歐洲難民有 364,000 人,其中約有半數從北非地區橫
渡地中海偷渡入境,又以來自奈及利亞(占 21.0%)、厄利垂亞
(占 11.7%)、幾內亞(占 7.2%)和象牙海岸(占 6.7%)四國者
爲數最多。大量難民湧入歐洲後,常面臨找不到工作、長期失業
以及居住環境條件不佳的生活困境。面對此現象,歐洲某國政府
官員對外發表言論,主張該國應停止收容非洲難民,否則將影響
歐洲生活水準與歐洲文化。該言論一出,引發眾多輿論強烈的批
評。請問:

70. 該國官員的言論招致眾多輿論批評，這些批評主要是針對：

(A) 該官員反對主流文化

(B) 該官員主張我族中心

(C) 該官員反對全球在地化

(D) 該官員支持經濟全球化

71. 難民由地中海偷渡湧進歐洲的起點，歷史上曾為哪些帝國的領地？

甲、羅馬帝國；乙、查理曼帝國；丙、阿拉伯帝國；

丁、鄂圖曼帝國；戊、神聖羅馬帝國

(A) 甲乙戊　　　　　　　　(B) 丙丁戊

(C) 乙丙戊　　　　　　　　(D) 甲丙丁

72. 2016 年偷渡至歐洲的非洲難民，其來源數量前四名的國家，具有下列哪項共同特性？

(A) 氣候均乾燥少雨

(B) 均曾經淪為殖民地

(C) 均屬撒赫爾範圍

(D) 非洲 AIDS 最嚴重區域

107年度學科能力測驗社會科試題詳解

單選題

1. C

【解析】教育人員於校園內對學生「身體與私人物品」搜查之限制，係基於對學生尊嚴與人格權之保障，如隱私、名譽、身體自主等理由，限縮教育人員權力，選項 (C) 符合題旨。

2. C

【解析】(A) 甲國高稅賦，不表示非自由民主國家，如北歐福利國家即設計有高稅率制度。戊國不論性別或信仰皆有服兵役義務，表示該作法是未尊重個體差異的齊頭式平等。

(B) 甲國高稅賦、丙國國營企業國民生產毛額比率高，皆不表示擁有強大社會運動與政黨。

(C) 符合題旨。乙國人民可自由組織參加國內外非營利組織，表示享有結社自由，同時結社自由通常伴隨言論自由。丁國資訊科技完全「監控」新聞及社交媒體，則表示言論自由受到高度限制。

(D) 丁國資訊科技完全「監控」新聞及社交媒體，表示人民言論自由及隱私受到限制。戊國不論性別或信仰皆有服兵役義務，表示該作法屬未尊重個體差異的齊頭式平等。

3. B

【解析】此限制的規範目的為「增進公共利益」，選項 (B) 禁止校園內販售含糖飲料之作法，係為保護青少年於成長過程中飲食上的健康考量，符合題旨。

4. **A**

【解析】 (A) 依題意，不服市政府核定都市更新計畫案之救濟途徑性質爲行政爭訟，私立學校對學生所作退學處分，仍屬公權力行政作用，符合題旨。

(B) 不當體罰屬國家賠償事件。

(C) 解除買賣契約爲民事契約關係。

(D) 私立學校教師聘任屬行政契約。

5. **B**

【解析】 (A) 刑罰一般預防理論，能讓一般社會大衆警惕約束自身行爲，避免觸法。

(B) 辱罵者被判刑能達到「嚇阻已犯者再犯」的預防效果，屬「特別預防理論」，符合題旨。

(C) 通訊軟體群組聊天室，已屬「公然」之定義。

(D) 刑事責任刑罰以外，犯罪者仍可能負擔民事賠償責任。

6. **D**

【解析】 法律規範隨社會變遷之器物、制度、理念層次，與時俱進。依題意，民法中有關子女孝順父母的道德規範，隨權利義務分配公平性有所改變。選項 (D) 符合題旨。

7. **B**

【解析】 依題意房屋漏水糾紛屬民事事件，至派出所請求警察調查進行調解，並非可採行的解決機制。選項 (B) 符合題旨。

8. **D**

【解析】 (A) 環保單位限期改善，未到期先行開罰，違反誠信原則。

(B) 法律規範定義不明，違反法律明確性原則。

(C) 對合法權利影響者，未採取合理補救措施，違反信賴保護原則。

(D) 員警採行作為並未考量最小侵害原則，違反比例原則，依題意符合題旨。

9. **C**

【解析】 依題意，甲國國內價格高於國際價格，出口產品；乙國國內價格低於國際價格，進口商品。

(A) 甲國出口，不利於生產者，收入下降。

(B) 乙國出口，國內消費量減少。

(C) 自由貿易下，兩國的產品價格將因貿易調整為一致。

(D) 自由貿易下，兩國無論進出口，皆將因貿易使得整體福利上升。

10. **D**

【解析】 依題意，菸品健康福利捐效果，屬減低菸害所致外部成本之政策效果。

(A) 婦女保障名額，屬保障參政權之優惠式差別待遇。

(B) 提供免費牛奶，屬福利措施，可增加外部效益。

(C) 提供身心障礙人士復康巴士，屬福利措施，可增加外部效益。

(D) 免費提供高齡國民施打流感疫苗，可降低流感致病機率，降低傳染疾病所致外部成本，符合題旨。

11. **A**

【解析】 (A) 災害應變中心發布之災情資訊，具有共享性（無敵對性），屬公共財的特性，符合題旨。

(B) 對受災戶進行補助與救濟，屬於政府移轉性支出，不
直接影響國內生產毛額。

(C) 募集二手物資，會減少各項產品的市場供給量。

(D) 社會資本指社會上人群間的信任、互相了解、共同價
值等讓人們可以共同生活的社會網絡與道德標準。

12-13 為題組

12. **B**

【解析】 依題意「街友生活體驗」係培養年輕人公益關懷的活動，
選項 (B) 體驗飢餓孩童情境，符合題旨。

選項 (A)(C)(D) 皆屬直接投身創造公共利益的行動。

13. **D**

【解析】 以街友取代遊民一詞將有助於降低社會大眾對特定族群之
偏見、歧視，選項 (D) 反對將身體殘障者稱為殘障人士，
符合題旨。

14-15 為題組

14. **C**

【解析】 該地方議會選舉制度明確劃分選區，每個選區各選出一名
當選人，屬於單一選區相對多數制，選項 (C) 符合題旨。

15. **B**

【解析】 (A) 圖 1 所示僅表示「部分選區」支持率，無法推論甲黨
即為該地方最大黨。

(B) 改選前後之差異在於選區劃分明顯有利於乙黨，形成
「傑利蠑螈（Gerrymander）」現象，表示改選前乙黨
握有選區重劃的行政權，符合題旨。

(C) 改選前原選區相對有利於甲黨，表示甲黨在乙黨執政前曾掌握行政權力，後由乙黨取代而政黨輪替。

(D) 改選過後，乙黨有利於立法權的掌握，該地方政府將傾向於行政權與立法全集中於乙黨。

16-17 為題組

16. **D**

【解析】(A) 利益團體不必然與執政黨保持抗爭關係，也可發展合作關係。

(B) 該組織目的在於促進國家公共利益，仍屬於利益團體。

(C) 向政府機關遊說，屬於利益團體的正常運作方式。

(D) 觀察和記錄立法委員行使職權的狀況，並定期公布觀察記錄，將有助於政府資訊透明化並提升體制的正當性，符合題旨。

17. **A**

【解析】(A) 考試委員任命，由總統提名、立法院同意，符合題旨。

(B) 行政院解決直轄市間的爭議。

(C) 司法院大法官解釋法律疑義。

(D) 監察委員提案彈劾涉弊官員。

18-19 為題組

18. **C**

【解析】(A) 該國政黨體制，顯然受到民意影響，國會有多數、少數黨之分，屬於競爭型政黨制度。

(B) 從題意無從推論是否屬於間接選舉制度。

(C) 依題意可知該國國會多數黨執政，握有行政權力，並由政黨領導人擔任最高行政首長，屬於內閣制特色，符合題旨。

(D) 從題意無從推論是否屬於聯合內閣模式。

19. **A**

【解析】 依題意，多檔高價股的「價格」與「數量」均創下「新低」紀錄。

(A) 價格下降、數量減少，符合題旨。

(B) 價格上升，數量減少。

(C) 價格上升，數量增加。

(D) 價格下降，數量增加。

20. **D**

【解析】 從出兵遼東、鎮壓民變（流寇）、清剿海盜（倭寇）即可判斷是明朝。但是明朝是「前朝」，因此這裡的我朝指的就是「清朝」。

21. **A**

【解析】 題幹中敘述「東漢晚期」、「東王公」、「西母王」、「大山武帝神仙印」等，可知為東漢時代所盛行之神仙方術，故答案為 (A)。。

22. **D**

【解析】 明清經商風氣興盛，商人地位也提升許多，甚至可比官員。

23. **C**

【解析】 1860 年代英法聯軍之役後，英法兩國才能在中國境內遊歷傳教與興建教堂。

24. **C**

【解析】 中華人民共和國成立於 1949 年。1951 年的舊金山和會，中華民國與中華人民共和國均沒有參加。

(A) 不能選，因為當時中華人民共和國還沒有成立。

25. **B**

【解析】 在中古歐洲歷史上，僅教宗宣稱自己有罷免皇帝與加冕皇帝的權力。

26. **C**

【解析】 呂宋即今天的菲律賓，菲律賓曾被西班牙殖民。

27. **A**

【解析】 三國時期各國因戰亂關係，人口大量損失，因此亟需稅收的挹注。

28. **D**

【解析】 波蘭在第一次世界大戰後巴黎和會才宣布復國，但是在 1939 年遭到德國與蘇聯入侵，再次被兩國瓜分。直到第二次世界大戰結束後又再次復國。

(A) (B) 第一次世界大戰前就有義大利、奧地利（奧匈帝國）等國家。

(C) 希臘在 1820 年代即已脫離鄂圖曼土耳其帝國獨立。

29. **B**

【解析】 題幹提到「維護太平洋地區的和平」，因此應是台灣本島有淪陷於其他外力的可能性，因此不可能選 (A)。

(B) 韓戰爆發後，民主陣營國家擔心中共趁機攻打台灣，因此認為美國應主動協助台灣。

(C)(D) 不可能，因為當時台灣已經退出聯合國，並承認世界上只有一個中國，而台灣是中國的一部分，因此並不會擬定相關計畫。

30. **C**

【解析】 題幹敘述，文字採「兩面印刷」，代表此時已有印刷術，故 (A)(B) 不選。

而油畫在書中，故為 (C) 明末耶穌會士的基督教經書。

31. **D**

【解析】 關鍵在於「入學就讀後沒有說國語」。

(A)(B) 並沒有這個問題，因為普通話就是北京地區（東北地區亦使用）的用語。

(C) 上海是國際都市，並不會發生此種問題。而日本統治台灣期間，鼓勵台灣人使用日語。

32. **A**

【解析】 從題幹得知，這是從台灣出發前往印尼作戰的士兵。日治後期實施南進政策，並號召高砂義勇軍前往南洋（東南亞）參軍。

33. **D**

【解析】 商代的歷史資訊，許多是依靠甲骨文補足。

34. **C**

【解析】 關鍵在於帝制廢除改成共和，1870 年普法戰爭法國皇帝拿破崙三世被俘後，法國隨即取消帝制，進入第三共和。

35. **A**

【解析】 此時為印度涼季，氣候宜人。

36. **D**

【解析】 石板屋為排灣族的傳統建築，故選其所在位置中央山脈南段。

37. **A**

【解析】 資訊交通革新形成全球化。

38. **B**

【解析】 由火山口判斷，選最顯著的環太平洋火山地震帶。

39. **A**

【解析】 由曬鹽判斷此為台南的台江國家公園，選夏雨冬乾最明顯的。

40. **B**

【解析】 溫帶落葉林主要位於溫帶大陸性氣候及溫帶季風氣候，在題幹中數量最多。

41. **A**

【解析】 此為印度洋的颱風（北半球熱帶低壓）。

42. **A**

【解析】 此爲糖業，屬於熱帶栽培業。

43. **A**

【解析】 利用風沙由西向東方向來判斷。

44. **C**

【解析】 此爲縮減型金字塔，有少子化和高齡化的問題。

45. **D**

【解析】 此爲清眞食品標示，可由阿拉伯文判斷。

46. **A**

【解析】 西班牙爲地中海型氣候，加上同樣爲拉丁語言文化，故選智利中部。

47-48 爲題組

47. **C**

【解析】 路徑曲折無法得知實際長度。

48. **B**

【解析】 由 X 座標數字變大判斷爲向東移動，由 Y 座標數字變大判斷爲向北移動。

49-51 爲題組

用國土大小排序，加上土地利用方式，可判斷

甲：美國　　乙：巴西　　丙：澳洲　　丁：西班牙

49. **D**

【解析】 由地中海型氣候特徵判斷為西班牙。

50. **C**

【解析】 由古老陸塊加上位置孤立多特有種判斷為澳洲。

51. **B**

【解析】 由鐵礦及熱帶栽培業判斷為巴西。

52-53 為題組

52. **B**

【解析】 西拉雅族祭拜阿立祖，祀壺儀式。

53. **C**

【解析】 西拉雅族的分布位置在台南。

54-55 為題組

54. **C**

【解析】 南宋高宗在靖康之禍後，被金兵追殺而逃入海中，最後
金兵因天熱中暑而撤軍，高宗驚魂未定返回陸地，並定
都於杭州（臨安）。

55. **D**

【解析】 此為中國東南沿海的谷灣式海岸。

56-58 為題組

56. **A**

【解析】 漳州人大多居於內陸平原。

57. **B**

【解析】 王爺屬於台灣沿海的信仰。

58. **D**

【解析】 由椰林判斷為熱帶地區，故為屏東的六堆客家聚落。

59-60 為題組

59. **C**

【解析】 社會主義對於資本家與企業家持敵對態度，主張廢除私有財產。

60. **D**

【解析】 (A) 商品價格應該隨「看不見的手」，即市場價格機能自然調整。

(B) 市場均衡下，生產者享有生產者剩餘。

(C) 工廠為私人擁有與否無關於是否尊重市場價格機能。

(D) 不存在市場失靈即完整達到市場均衡狀態，沒有無謂損失資源浪費的結果，符合題旨。

61-63 為題組

61. **C**

【解析】 透過民主選舉，排除特定族參政權利壟斷現象，係以保障多元族群的平等參與，進一步促進國家整合。

62. **B**

【解析】 1990 年廢除種族隔離政策，故推測為南非的曼德拉。

63. **A**

【解析】 由上題判斷爲南非，故選非洲聯盟。

64-66 爲題組

64. **B**

【解析】 此題重點在 1. 貴族聚會　2. 地球儀、天體儀……、星盤，所以判定爲十六世紀，故選 (B)。
選項 (C) 的沙龍聚會重心以自由、平等思想爲主。

65. **A**

【解析】 圖 10 畫作呈現貴族人物，將代表當代科學技術文明象徵器物，視爲文化資本的一環，而與其他地區發展程度有所不同，具有文化間高低優劣的位階意涵。

66. **C**

【解析】 由人類發展指數高到低排序來判斷：北歐–西歐–南歐–東歐

67-68 爲題組

67. **D**

【解析】 8 世紀起至 15 世紀爲止，印度洋的貿易幾乎爲阿拉伯人所控制。

68. **D**

【解析】 中國外銷產品以絲、瓷、茶爲主。

69. **A**

【解析】 (A) 新通港口的建立，可降低運輸往貿易腹地的交易成本，符合題旨。

(B) 貿易主要由進出口國的國內價格高低價差而發生。

(C) 海外貿易興盛不必然帶動國產業升級。

(D) 從引文無從推論國際貿易帶動金融業發展。

<u>70-72 為題組</u>

70. **B**

【解析】 該國官員主張「應停止收容非洲難民，否則將影響歐洲生活水準與歐洲文化。」此言係以自身利益為中心考量，即我族中心主義，而產生對外來族群的抵制心態。

71. **D**

【解析】 自北非地區進入歐洲的國家，在歷史上曾為：

1. 前三世紀～四世紀 → 羅馬帝國

2. 八世紀～十世紀 → 阿拉伯帝國

3. 14 世紀～19 世紀 → 鄂圖曼土耳其帝國略。

72. **B**

【解析】 (A) 象牙海岸為熱帶季風，奈及利亞為熱帶雨林。

(C) 僅幾內亞和厄利垂亞位於此處。

(D) 南部非洲愛滋病較泛濫。

107 年大學入學學科能力測驗試題
自然考科

第壹部分（占 80 分）

一、單選題（占 46 分）

說明：第 1 題至第 23 題，每題均計分。每題有 n 個選項，其中只有一個是正確或最適當的選項，請畫記在答案卡之「選擇題答案區」。各題答對者，得 2 分；答錯、未作答或畫記多於一個選項者，該題以零分計算。

1. X、Y、Z 分別為週期表中，第二與三週期中的三種元素，其原子序之和為 25，在週期表的相對位置如表 1。由這三種元素，可組成許多化合物。

   下列有關這三種元素以及其組成化合物的敘述，哪些正確？

   甲、這三種元素中，只有一種是非金屬元素。

   乙、Z 容易失去兩個電子，形成 Z^{2+} 離子。

   丙、由 Y 與 Z 可以組成氣體分子。

   丁、X 的價電子數為 1。

   (A) 甲乙　　(B) 乙丙　　(C) 丙丁　　(D) 甲丙　　(E) 乙丁

表 1

2. 日常生活中的食衣住行常與自然科學有關，現代如此，過去亦然。世上最早的一部煉丹著作《周易參同契》（西元二世紀）中，記載許多與化學相關的訊息。世上的煉丹師都有不願公開自己經驗的心理，即使有文字流傳，但語焉不詳或故用隱語，使他人難以理解，例如下列句子：

河上姹女 靈而最神 得火則飛 不見埃塵

鬼隱龍匿 莫知所存 將欲制之 黃芽爲根

現代化學家已經解讀出其意義，如表2。

表2

隱語	解讀
姹女	是一種元素
河上	形容其具有流動性
得火則飛	指其易於氣化
莫知所存	指其化爲氣體
黃芽	是一種元素，其結晶爲黃色針狀物

若「姹女」與「黃芽」進行化學反應，可得到穩定的生成物。試問句中的「姹女」和「黃芽」是哪兩種物質？

(A) 汞、硫　　　　(B) 銀、金　　　　(C) 鉛、硫

(D) 銀、硫　　　　(E) 汞、金

3. 王同學爲了探討固體溶於水所發生的現象做了一個實驗，裝置如圖1。實驗的步驟如下：

甲、在燒杯中倒入 200 mL 的水，以酒精燈加熱至 80℃ 後熄火。

乙、取粉狀無水氯化鈣 60 g，慢慢加入熱水中，則看到溶液沸騰。

圖1

丙、最後得到澄清溶液，以溫度計測量溶液，液溫爲 101℃。

根據王同學所做的實驗與觀察以及推測，下列敘述何者正確？

(A) 圖示的實驗裝置正確無誤

(B) 在 101℃ 時，氯化鈣的溶解度應大於 30 g / 100 mL 水

(C) 氯化鈣固體溶解時應該是吸熱

(D) 粉狀氯化鈣加入時造成突沸使水溫上升

(E) 加入粉狀無水氯化鈣時，應以溫度計緩緩攪拌均勻

4. 甲醇燃料電池是以甲醇與氧氣反應，產生二氧化碳與水以獲取電能的裝置。若改用乙醇，生成物也是二氧化碳與水。這兩種燃料電池，若均使用 1 莫耳的醇進行反應，二者所產生水的莫耳數比為何？

(A) 1：1　　　　　　(B) 1：2　　　　　　(C) 1：3

(D) 2：3　　　　　　(E) 3：1

5. 酸鹼反應中陰離子與陽離子的濃度會隨反應的進行而變化，故酸鹼反應可藉由量測其導電度（電導度）進行監測。若將 1.0 M NaOH 水溶液，慢慢加入 1 L 的 1.0 M HCl 水溶液，以 NaOH 的體積為橫軸，並以導電度為縱軸作圖，則下列五個圖形，何者最能符合此反應時的導電度變化？

(A)
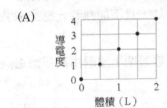

(B)
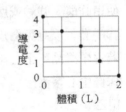

(C)
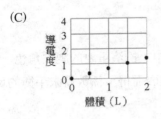

(D)
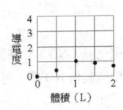

(E)
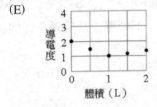

6. 某下列有關二乙醚與 1-丁醇的敘述，哪一項正確？

   (A) 示性式相同

   (B) 分子量不同

   (C) 結構式不同

   (D) 分子中的碳原子總數不同

   (E) 完全燃燒所需氧氣的莫耳數不同

7. 下列有關化學實驗安全的規範或意外發生時的處理方式，哪些正確？

   甲：實驗前應詳細閱讀實驗內容，瞭解實驗步驟及相關注意事項。

   乙：操作實驗若不小心燙傷，應儘速以藥膏塗抹燙傷處。

   丙：使用強酸、強鹼或腐蝕性化學藥品，且不加熱時，應穿戴乳膠手套，以避免傷皮膚。

   丁：若化學藥品不小心濺入眼睛，應趕緊閉上雙眼由同學護送到保健中心醫治。

   (A) 甲乙   (B) 甲丙   (C) 甲丁

   (D) 乙丁   (E) 丙丁

8. 一氧化氮（NO）在細胞的訊號傳遞中，扮演重要的調控角色。實驗室製備 NO 時，可用銅還原稀硝酸而得，係數尚未平衡的反應式如下：

   ___ Cu + ___ HNO$_3$ → ___ Cu(NO$_3$)$_2$ + ___ H$_2$O + ___ NO

   反應式平衡後，係數均為最小整數時，下列哪一數值是 NO 的係數？

   (A) 1   (B) 2   (C) 3

   (D) 4   (E) 5

9. 粒線體與葉綠體都是細胞處理能量的胞器，但兩者的分工不同，
　　下列何者正確？

　(A) 各自都具有 DNA，以製造本身所需蛋白
　(B) 葡萄糖分解在粒線體內進行
　(C) 粒線體可產生 ATP 而葉綠體則否
　(D) 葉綠體爲植物獨有，粒線體爲動物獨有
　(E) ATP 的產生都發生在內膜上

10. 研究者分析多種脂肪酵素的活性，在不同溫度下結果如圖 2，不
　　同 pH 值下如圖 3。廚房清潔劑中常添加脂肪酵素以分解油脂。
　　爲使常溫下鹼性廚房清潔劑的效能最佳化，下列何者最適合添加
　　在本清潔劑中？

　(A) 甲
　(B) 乙
　(C) 丙
　(D) 丁
　(E) 戊

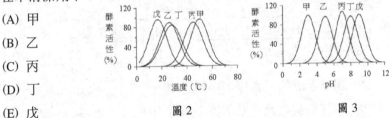

圖 2　　　　　　　圖 3

11. 下列何種繁殖方式最接近水筆仔的胎生苗繁殖？

　(A) 山蘇的孢子繁殖　　　　(B) 蘭花的組織培養以產生新植株
　(C) 二葉松以毬果繁殖　　　(D) 落地生根的不定芽繁殖
　(E) 酵母菌的出芽繁殖

12. 研究者新收集到一種草花。爲了解光週期對此植物的影響，將種
　　子播種在每天不同光照長度的環境中。該草花在不同光照的情況
　　下，從播種到開花所需的時間平均值如表 3。根據表 3，下列有
　　關此植物開花調控的敘述何者正確？

表 3

光照長度（小時）	6	8	10	12	14	16	18	20	24
平均開花時間（天）	92	96	93	95	93	91	95	93	93

(A) 爲長日照植物，臨界日長 8 小時

(B) 爲長日照植物，臨界日長 16 小時

(C) 爲短日照植物，臨界日長 8 小時

(D) 爲短日照植物，臨界日長 16 小時

(E) 光週期對此植物的開花沒有影響

13. 組成生命世界之各種元素，其原子序通常不超過 20。表 4 爲各元素之原子序。下列敘述何者正確？

表 4

元素	H	C	N	O	Na	Mg	P	S	Cl	K	Ca
原子序	1	6	7	8	11	12	15	16	17	19	20

(A) 組成多醣的元素原子序超過 10

(B) 組成脂肪之元素原子序不超過 10

(C) 組成蛋白質之元素通常原子序不超過 15

(D) 組成核酸會用到原子序 16～20 的元素

(E) 組成去氧核糖核酸不會用到原子序 8 的元素

14. 李同學每隔相同的時距，以鉛筆筆尖輕點水波槽水面，水面產生圓形波向外傳播，經投射在屏幕上可看到明暗相間的水波影像。若筆尖以每秒 3 次輕觸水面，量測到經過 5.0 秒的時距，水波影像沿半徑向外的位移爲 30 公分，而投射裝置的放大率經實測約爲 2 倍，則鉛筆筆尖所產生週期圓形波在水波槽中的實際波長爲若干公分？

(A) 1.0   (B) 2.0   (C) 6.0   (D) 9.0   (E) 12

15. 下列四位同學對於「自然界的基本作用力」之說法，哪一選項中同學的敘述是正確的？

甲同學：在原子核中的中子與質子間有強力作用。

乙同學：在原子核中的中子與中子間也有強力作用。

丙同學：弱力雖弱，但是其作用範圍遠比電磁力的作用範圍更長。

丁同學：牛頓直接測量蘋果與地球之間的重力變化，進而推得重力與距離平方成反比的關係。

(A) 僅有甲　　　　(B) 僅有乙　　　　(C) 僅有丙

(D) 僅有丁　　　　(E) 僅有甲乙　　　(F) 僅有甲丁

16. 若以速率對時間關係圖來描述一小球在空氣中由高空靜止落下的運動，則下列哪一示意圖最能描述小球受到空氣阻力影響時的運動過程？

(A)
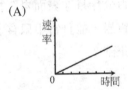

(B)
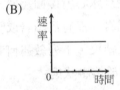

(C)
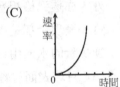

(D)
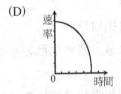

(E)
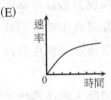

17. 兩個通有穩定電流的圓形線圈相對而立，如圖4所示。若忽略地磁的影響，則兩載流線圈在線圈圓心連線中點處造成的磁場方向為何？

(A) 向東　　　　(B) 向西

(C) 向北　　　　(D) 向上

(E) 兩線圈產生的磁場方向相反

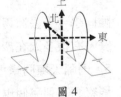

圖4

18. 下列所述光電效應中入射光與光電子之間的關係,何者證實了光具有粒子性?

(A) 光電子的數目與照射在金屬表面的入射光頻率成正比

(B) 光電子產生與否決定於照射在金屬表面的入射光強度

(C) 照射於金屬表面的入射光頻率須大於某一特定值方能產生光電子

(D) 照射於金屬表面的入射光波長須大於某一特定值方能產生光電子

(E) 照射於金屬表面的入射光波長及強度均須大於某一特定值方能產生光電子

19. 月球是距離地球最近的天體,透過在地面以及在太空觀察,可發現月球表面除了有亮暗區域差異,尚有大小不一的坑洞分布。此外,亦透過檢視登陸月球時所攜回超過三百公斤月球表面岩石物質,發現全都是火成岩,沒有沉積岩或變質岩,並且當中只含有極少量的水。由以上結果,下列敘述何者正確?

(A) 月球表面曾經處於熔融狀態

(B) 月球上的沉積岩與變質岩都埋藏在深處

(C) 月球表面的坑洞都是火山噴發造成的火山口坑洞

(D) 月球曾經存在大量流水,但由於沒有大氣,液態水已經蒸發散失

(E) 月球有明顯板塊運動,形成高地以及看起來較為暗黑的低窪地

20. 陳同學今天去海邊玩,發現早上 11 點左右潮位最低,潮間帶最寬,有很多人在沙灘上挖尋文蛤。若該海岸的潮汐週期變化如圖 5,則隔天陳同學再去同一海邊,在早上 11 點左右進行觀察,會觀察到下列哪個現象?

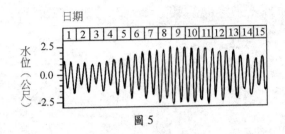

圖 5

(A) 潮間帶出現，且潮位逐漸下降

(B) 潮間帶出現，且潮位逐漸上升

(C) 達當日最高潮位，且潮間帶最寬

(D) 達當日最低潮位，且潮間帶消失

(E) 11 點左右潮位依然最低，但潮間帶相較前一天變窄許多

21. 波浪是一種海水上下起伏的運動。下列對波浪的敘述何者正確？

(A) 海面波浪都是由於風吹造成

(B) 波浪由外海傳遞至岸邊時，波浪的前進方向會因海岸線的不平直，往水深較深的海域偏折

(C) 颱風尚未到達臺灣，已經在臺灣海岸可見該颱風造成的湧浪

(D) 海灣受波浪侵蝕的力量較海岬處大，所以海灣會繼續往陸地內凹

(E) 波浪靠近岸時，因受地形影響而破碎，所以碎浪對岸邊結構物沒影響

22-23 為題組

圖 6 為臺灣時間 2017 年 7 月 29 日 08 時的紅外線衛星雲圖，尼莎颱風位於臺灣東方海面。20 時中心登陸宜蘭，23 時中心於新竹出海，圖 7 為尼莎颱風於 7 月 26 日到 7 月 30 日間的颱風路徑圖（臺灣時間）。依據圖 6 與圖 7 回答 22-23 題。

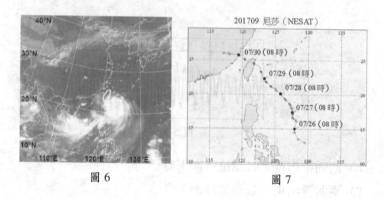

圖6　　　　　　　　　　　圖7

22. 宜蘭地區在 7 月 29 日 08 時，接近地面處的主要風向為何？

(A) 西北風　(B) 西南風　(C) 東北風　(D) 東南風　(E) 南風

23. 下列哪一張示意圖最能代表宜蘭觀測站所量測到的氣壓在 7 月 28～30 日的變化？

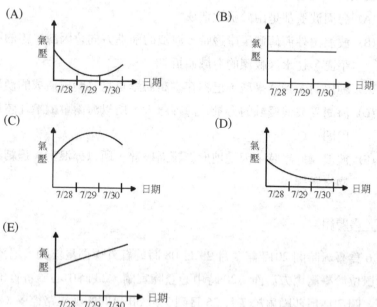

二、多選題（占 26 分）

說明：第 24 題至第 36 題，每題均計分。每題有 n 個選項，其中至
少有一個是正確的選項，請將正確選項畫記在答案卡之「選
擇題答案區」。各題之選項獨立判定，所有選項均答對者，
得 2 分；答錯 k 個選項者，得該題 $\frac{n-2k}{n}$ 的分數；但得分低

於零分或所有選項均未作答者，該題以零分計算。

24. 某生在探討活動時觀察「花的構造」，繪
得示意圖如圖 8（此花朵已移除 3 片花
瓣）。下列有關此花的敘述，哪些正確？
（應選 2 項）

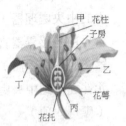

圖 8

(A) 甲為柱頭，是雄蕊的一部份

(B) 乙為花藥，其中花粉染色體套數為 2n

(C) 丙為子房中的胚珠，受精後會發育為種子

(D) 丁為花瓣，具有單子葉植物花瓣數目的特性

(E) 花柱及子房壁都是由單套染色體的細胞組成

25. 下列是某生在探討活動中，觀察人類血球細胞染色抹片後的結
論，有哪些是正確的？（應選 3 項）

(A) 不同血球細胞的核特徵有明顯差異

(B) 白血球有核，紅血球則無

(C) 相較於白血球，紅血球中心區域較不透光

(D) 血小板不被染色，無法觀察

(E) 白血球的核具有多種型態

26. 下列有關動物排泄的敘述，哪些正確？（應選 2 項）

(A) 肺臟排除 CO_2，與腎臟共同維持血液 pH 值的恆定

(B) 過濾作用所產生的濾液不含有構成蛋白質的胺基酸

(C) 為快速吸收可用物質,再吸收作用只發生在近曲小管

(D) 血液中的 H^+ 藉由排泄系統移除,以維持血液的酸鹼度

(E) 酒精會促進 ADH 的釋放,進而抑制水的再吸收,導致尿量增加

27. 中樞神經系統包括大腦(灰質及白質)、小腦、間腦(視丘及下視丘)、腦幹(中腦、橋腦和延腦)及脊髓,這些構造如同人體內的中央處理器,獲得感覺與做出運動的決定。周圍神經系統包含:由各感覺器官連結到中樞的感覺神經,以及由中樞連結到動器(肌肉與腺體)的運動神經。周圍神經如同是將感測器與運動元件連接到中央處理器的纜線。下列功能性配對哪些正確?

(應選 3 項)

(A) 小腦:協調骨骼肌的活動

(B) 大腦白質:所有記憶、思考、判斷都在此區

(C) 視丘:調節體溫、血壓

(D) 延腦:調節呼吸、心跳及吞嚥等活動

(E) 大腦灰質:所有感覺都發生在此區

28. 太陽表面在 2017 年 9 月接連發生二起被稱作「太陽閃焰」的大型爆發,規模為 10 年來最大。科學家預計爆發所噴出的帶電粒子團兩天後抵達地球,撞擊大氣層後產生電磁波,以致影響通訊品質。已知太陽與地球距離約為 1.5×10^{11} 公尺,光速約為 3.0×10^8 公尺/秒。下列敘述哪些正確?(應選 2 項)

(A) 電磁波並無繞射與干涉的現象

(B) 電磁波在空間傳播須以帶電粒子為介質

(C) 電磁波具有隨時間作週期性變動的電場與磁場

(D) 帶電粒子團脫離太陽時的速率約為 8.7×10^5 公尺/秒

(E) 帶電粒子團撞擊地球大氣層之後約 8 分鐘，地球上才能觀測
到太陽閃焰影像

29-30 為題組

林同學為了同時觀察電流的磁效應與電磁
感應現象，在水平桌面上安置甲、乙兩組
電流迴路，其設計如圖 9 所示。甲迴路串
接電壓固定之大電流的直流電源供應器 P
與開關 K，並在其中一段沿南北方向的長
直導線正上方，置放一小磁針。該小磁針
最初為靜止，其 N 極指向北方；乙迴路則
串接一高靈敏度之檢流計 G，最初顯示的電流值為零。

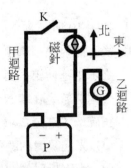

圖 9

29. 該同學開啓電源供應器 P，並按下開關 K 接通甲迴路，應可觀察
到哪些現象？（應選 2 項）

(A) 小磁針 N 極立刻偏轉，但最後回復指向北方

(B) 小磁針 N 極偏轉向東，最後維持於北偏東的方向

(C) 檢流計 G 指針立刻偏轉，但最後回復指向零電流

(D) 流經檢流計 G 的電流方向為由南向北，且電流值維持穩定

(E) 小磁針立刻偏轉，檢流計 G 顯示的電流值維持穩定不變

30. 該同學開啓電源供應器 P，先按下開關 K 接通甲迴路一段時間，
然後再將乙迴路以等速度向東拉離甲迴路，則在乙迴路被拉離一
小段距離的過程中，應可觀察到哪些現象？（應選 2 項）

(A) 小磁針 N 極回復指向北方不動，檢流計 G 也一直顯示有電
流通過

(B) 小磁針 N 極的方向為北偏東，檢流計 G 一直顯示有電流通
過

(C) 小磁針 N 極的方向爲北偏東，檢流計 G 一直顯示電流値爲零

(D) 流經檢流計 G 的電流方向爲由南向北

(E) 流經檢流計 G 的電流方向爲由北向南

31. 如圖 10 所示，光沿水平方向行進，經過一片不透光之擋板 M 後，照射在垂直牆面 N 上，虛線爲擋板頂之水平延伸線，與牆 N 交於位置 $y = 0$。下列關於光在牆 N 上亮度之敘述，哪些正確？（應選 2 項）

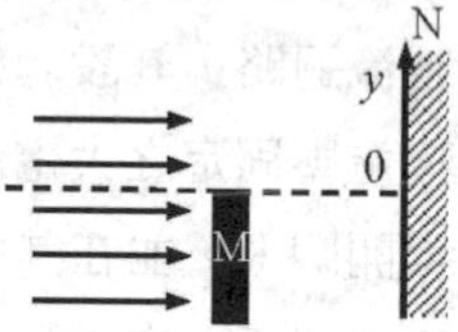

圖 10

(A) 光因繞射的關係而可能進入 $y < 0$ 區域

(B) 光因折射的關係而可能進入 $y < 0$ 區域

(C) 光的波長愈長，光線往下偏向進入 $y < 0$ 區域的角度愈大

(D) 光因爲具有粒子性而沿直線行進，故 $y < 0$ 區域之亮度爲零

(E) 光的頻率愈高，能量愈大，光線往下偏向進入 $y < 0$ 區域的角度愈大

32. 圖 11 是從臺中霧峰「921 地震教育園區」觀景窗中看出去的河堤景象。原本連續平坦的河堤因車籠埔斷層錯動而產生位移，目前斷裂處的河堤已經修復，而且建造了階梯以供步行。根據臺灣本島受板塊推擠作用而成的地質現象與圖 11，下列敘述哪些正確？（應選 2 項）

(A) 車籠埔斷層爲正斷層

(B) 車籠埔斷層爲逆斷層

(C) 車籠埔斷層爲平移斷層

(D) 相片中上盤位置在右側

(E) 相片中上盤位置在左側

(F) 相片中上下盤無法判斷

圖 11

33. 在西元 79 年，義大利的維蘇威火山噴發，摧毀了古羅馬城市龐貝。此處黏滯性較大的中酸性岩漿不易流動，氣體難以有效散失，大量氣泡在接近地表時會猛烈的爆開，讓周圍岩漿和岩石四處飛射。

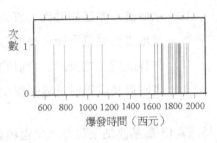

圖 12

維蘇威火山非常活躍，其爆發歷史如圖 12 所示。依上述資料，以下敘述或推論哪些正確？（應選 2 項）

(A) 維蘇威火山爆發具特定週期

(B) 在維蘇威火山地區的主要岩石為玄武岩

(C) 可以從排出氣體的量和成分變化來監測火山爆發

(D) 維蘇威火山的岩漿噴發形式與形成澎湖的噴發形式相同

(E) 在西元1600年到2000年間維蘇威火山爆發較前一千年頻繁

34. 在探討影響氣候的因素中，地表狀態的改變為影響氣候的其中一種因素。部分覆蓋大面積樹林和水塘的區域，隨都市發展逐漸被建築物、水泥地或柏油路面所取代，經長時間能量收支平衡的結果，使得當地氣候發生變化。下列這些導致氣候改變的敘述，哪些正確？（應選 3 項）

(A) 相較於水泥建物，樹林覆蓋區域能減小白天最高氣溫和夜間最低氣溫的差距

(B) 因為建築物增加，大樓間的通道使風速變大，增強對溫度的調節，使得日夜溫差變小

(C) 樹林的林蔭遮蔽能攔截太陽輻射，樹林消失後使得到達地表的太陽輻射量增加，導致白天最高氣溫變高

(D) 水塘被水泥建物取代，原先藉由水蒸發所吸收的熱能減少，且地表輻射量增加，長期影響下導致白天氣溫升高

(E) 樹林能攔截地表向上發射的長波輻射，所以樹林變少會使地表附近長波輻射量散失減少，導致夜間最低氣溫變高

35. 圖13為某測站某日逐時氣溫與露點溫度變化圖，關於該測站當日的天氣狀況描述，下列哪些正確？（應選2項）

(A) 當日6時實際水氣含量最高

(B) 當日6時相對濕度最高

(C) 當日12時相對濕度最低

(D) 當日14時空氣中飽和水氣含量最高

(E) 當日清晨有濃霧發生

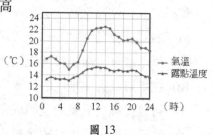

圖13

36. 定溫時，1莫耳的 $CO(g)$ 與1莫耳的 $NO_2(g)$ 完全反應後，生成1莫耳的 $CO_2(g)$ 與1莫耳的 $NO(g)$，並放出熱量 226 kJ。下列敘述哪些正確？（應選3項）

(A) 此反應使反應系統的溫度上升

(B) 此反應的熱化學反應式為：$CO(g) + NO_2(g) \rightarrow CO_2(g) + NO(g) + 226$ kJ

(C) 此反應的熱化學反應式為：$CO(g) + NO_2(g) \rightarrow CO_2(g) + NO(g)$ $\Delta H = 226$ kJ

(D) 若在相同條件下，$CO_2(g)$ 與 $NO(g)$ 完全反應，以生成 $CO(g)$ 與 $NO_2(g)$，則此反應為吸熱反應

(E) 若在相同條件下，2莫耳的CO與2莫耳的 NO_2 完全反應，生成2莫耳的 CO_2 與2莫耳的NO時，則同樣會放出熱量 226 kJ

三、綜合題（占 8 分）

說明：第 37 題至第 40 題，每題 2 分，每題均計分，請將正確選項
　　　畫記在答案卡之「選擇題答案區」。單選題答錯、未作答或
　　　畫記多於一個選項者，該題以零分計算：多選題每題有 n 個
　　　選項，答錯 k 個選項者，得該題 $\dfrac{n-2k}{n}$ 的分數；但得分低於
　　　零分或所有選項均未作答者，該題以零分計算。

37-40 為題組

核能可由核分裂及核融（熔）合兩種反應方式產生。核分裂技術已
成熟而被廣泛使用，例如核能發電，但萬一產生意外引起核輻射外
洩，則後果嚴重。兩個質量較小的原子核融合成一個質量較大的原
子核時稱為核融合，例如氘、氚原子核融合成氦原子核，核融合釋
出的巨大能量成為最具有潛力的清潔能源，為人類未來永久解決能
源匱乏希望所寄，許多國家正極力研究發展中。除了如上所述人類
利用核能作為能源外，有些生物也因為核能，發展出其特殊的適應
現象，特別是核反應所釋出的 γ 射線。驚人的發現發生在 1991 年，
當俄國車諾比核子事件發生後的第五年，科學家發現：高於放射線
背景值 500 倍的環境中，新型隱球菌（*Cryptococcus neoformans*）
這種單細胞酵母菌型的真菌仍可以生存。不只如此，此菌還可以成
長，快速累積醋酸鹽的含量。實驗操作時，有兩種品系的真菌，其
中一種新型隱球菌有特殊黑色素介入其電子傳遞鏈，野生型隱球菌
則無。將此兩品系真菌的細胞暴露於 500 倍的放射性劑量下 20～
40 分鐘，比較其 NADH 氧化後的電子傳遞速率。結果有「黑色素
介入」的電子傳遞速率是「沒有黑色素介入」的 3～4 倍。另外，
針對有黑色素介入的品系，比較照射 γ 射線與只有背景輻射下的電
子傳遞速率，也發現有 γ 射線時電子傳遞速率也比只有背景輻射下
高出許多。

37. 若某地核能電廠的反應爐發生嚴重意外事故,且情況有擴大之虞,則專家會建議對電廠噴灑硼砂,以阻止反應爐的核反應繼續進行。已知硼可經由下列反應降低核反應產生的熱中子數目:

$$^{10}_{5}B + ^{b}_{a}n \rightarrow ^{11}_{c}B$$

$$^{11}_{c}B \rightarrow x^{7}_{3}Li + y\,\alpha$$

有關上列反應式中的 a、b、c 以及 x、y,哪些正確?

甲:a = 1   乙:b = 1   丙:c = 4

丁:x = 1   戊:y = 2

(A) 甲乙   (B) 乙丙   (C) 丙丁

(D) 甲丁   (E) 乙丁

38. 核能意外事故發生時,除核能發電廠附近區域受輻射外洩汙染外,更令人擔憂的是輻射汙染隨全球環流擴張,帶來跨國間的災害。以日本福島核電廠發生輻射外洩汙染為例,在考慮全球的環流運動下,關於該區域輻射汙染隨環流擴張的描述,下列選項何者正確?

(A) 當輻射塵飄至上空的西風帶時,輻射塵受盛行風系與科氏力的影響而飄向南方

(B) 當輻射塵飄至上空的西風帶時,在相同距離內,福島發電廠東方海域上空的輻射塵濃度會高於日本西岸海域上空

(C) 輻射汙染隨表面洋流黑潮往北擴張

(D) 臺灣東部海域一定會較美國西岸海域先觀測到輻射汙染

(E) 輻射汙染會隨該緯度的低溫海水下沉至較深水域,進而隨溫鹽環流的輸送影響全球

39. 溫度高達約 10^9 K 時可引發核融合反應,其主要的物理原因為下列何者?

(A) 此高溫使氘、氚原子核具高動能，可克服兩原子核間庫侖排斥力所需之能量，進而融合

(B) 此高溫使氘、氚原子核內的夸克強作用增強，兩原子核相吸進而融合

(C) 此高溫使氘、氚電子熔入各自原子核內後，兩原子核再融合

(D) 此高溫使氘、氚原子核內弱作用增強，兩原子核相吸進而融合

(E) 此高溫使氘、氚原子核熔化成液態自然融合在一起

40. 有關生物捕獲能量以推動生命現象的敘述，下列哪些正確？
（應選 2 項）

(A) 新型隱球菌可以利用放射線提高電子傳遞鏈的速率

(B) 新型隱球菌可以利用放射線增加每個 NADH 提供的總能量

(C) 隱球菌先吸收核反應的熱能再轉換為 ATP 等化學能

(D) 酵母菌的黑色素對應於 γ 射線類似植物的葉綠素對應於可見光

(E) 某些真菌可因黑色素介入而增加 γ 射線照射時的電子傳遞活性

第貳部分（占 48 分）

說明：第 41 題至第 68 題，每題 2 分。單選題答錯、未作答或畫記多於一個選項者，該題以零分計算；多選題每題有 n 個選項，答錯 k 個選項者，得該題 $\frac{n-2k}{n}$ 的分數；但得分低於零分或所有選項均未作答者，該題以零分計算。此部分得分超過 48 分以上，以滿分 48 分計。

41-43 為題組

上化學課時，張老師為了要學生認識科學的發展，說明了科學的研究過程。通常是透過「發現問題」、「探究問題」而「解決問題」，最後還可能會有所新發現。因此老師給學生一個問題，在黑板寫了 C_2HNO，要求學生就此化學式展開「探究問題」的活動。學生分頭找相關資料。一週後，張老師要求學生分組討論，並發表探究問題後的心得。

甲說：「有機物中，氫的數目都比碳的數目多，因此 C_2HNO 不存在。」

乙說：「有機分子的化合物中，碳最多能與 4 個氫結合形成穩定的鍵結。」

丙說：「一個碳要與 4 個氫相連，而兩個碳以單鍵相連時，氫的數目要減 2，雙鍵相連時減 4。凡是碳、氮、氧中的任兩個原子間以單鍵相連就要減 2 個氫。」就在黑板上寫了

乙烷 $H_3C — CH_3$；乙烯 $H_2C = CH_2$；乙炔 $HC \equiv CH$；甲醛 $H_2C = O$

之後張老師總結地說：「由 C_2NO 與氫可以構成許多化合物，而原子的鍵結方式不同，又可構成許多異構物。」並給了一個新問題：若就化學式 C_2H_nNO 而言，則會因氫的數目不同而會有許多異構物符合此一化學式。根據上述，回答下列各題。

41. 甲、乙、丙三位同學所發表的論述，何者正確？

    (A) 只有甲　　　　　(B) 只有乙　　　　　(C) 只有丙

    (D) 只有甲乙　　　　(E) 只有乙丙

42. 在 C_2H_nNO 的一群化合物中，分子量最大的分子，其 n 是下列哪一數值？

    (A) 1　　　(B) 3　　　(C) 5　　　(D) 7　　　(E) 9

43. 在 C_2H_nNO 的一群化合物中，分子量最小的分子，其 n 是下列哪一數值？
(A) 1　　　　(B) 3　　　　(C) 5　　　　(D) 7　　　　(E) 9

44. 下列水溶液各取 10 mL 後，分別逐滴加入 0.1 M 硝酸銀水溶液時，都產生沉澱。若反應完全時，則下列哪一選項的離子消耗最多莫耳的銀離子？
(A) 0.1 M 氯離子　　　(B) 0.2 M 氫氧根離子　　　(C) 0.3 M 硫離子
(D) 0.4 M 鉻酸根離子　　　(E) 0.5 M 溴離子

45. 醣類、蛋白質與油脂都是生物體中的物質。下列有關這些化合物的敘述，哪些正確？（應選 3 項）
(A) 麥芽糖、果糖與乳糖都互為同分異構物
(B) 蛋白質是由胺基酸為單體，以肽鍵結合而成的聚合物
(C) 兩個不同的胺基酸，可形成兩種不相同的線性二肽分子
(D) 葡萄糖與蔗糖二者均為碳水化合物，但葡萄糖為單醣，蔗糖為雙醣
(E) 飽和油脂是由含有雙鍵的長鏈脂肪酸分子與甘油反應形成的三酸甘油酯

46. 溫室氣體會吸收地表輻射熱能，導致地表的保溫效果。人為因素所增加的溫室氣體是全球暖化的一大主因。下列哪些氣體是「因人類活動而增加的溫室氣體」？（應選 3 項）
(A) CH_4　　　(B) CO_2　　　(C) N_2O　　　(D) N_2　　　(E) H_2O

47. 下列與石油的煉製與應用相關的敘述，哪些正確？（應選 2 項）
(A) 原油經分餾可得石油氣、石油醚、汽油、煤油、柴油、潤滑油、石蠟與瀝青等產物

    (B) 原油分餾所得的產物中，分子量愈大者，其單位質量所產生的燃燒熱（kJ / kg，即熱值）愈大

    (C) 石油醚是分子結構為 ROR' 的純物質

    (D) 汽車若使用無鉛汽油，則不會產生震爆現象

    (E) 辛烷值是指燃料燃燒時的抗震爆程度，辛烷值愈高，其抗震爆效果愈好

48. 觀察洋蔥根尖細胞時，可觀察到下列哪些特徵的細胞？（應選 3 項）

    (A) 看不到核膜的細胞   (B) 中心粒在兩端的細胞

    (C) 染色體排列成四分體的細胞   (D) 具紡錘絲的細胞

    (E) 具細胞板的細胞

49. 紅綠色盲為常見之一種遺傳疾病。圖 14 為此疾病發生之譜系圖，方形表示男生，圓形表示女生，實心為患紅綠色盲者，空心為辨色正常。甲與乙皆辨色正常，婚後生有二男丙及丁，皆為紅綠色盲者。戊擬與丁結婚，且盼生一男一女為己及庚。下列情況哪些正確？（應選 2 項）

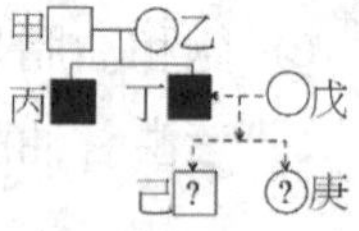

    (A) 甲帶有一個色盲等位基因

    (B) 乙帶有一個正常等位基因

    (C) 丙及丁都是同型合子的基因型

    (D) 若己及庚皆正常，則戊一定是同型合子

    (E) 若戊是同型合子，則己及庚皆辨色正常

圖 14

50. 使用基因改造黃豆的製品皆需於成分中標示。此黃豆改造時，下列哪一步驟為必經過程？

    (A) 黃豆染色體間發生重組   (B) 將兩黃豆細胞融合

    (C) 產生重組 DNA   (D) 分離卵子

    (E) 尋找特殊適應能力的野生種黃豆

51. 達爾文的小獵犬號之旅，途經厄瓜多爾及加拉巴哥群島。回國後分析旅途所見及所收標本，歸納出共同祖先及物種形成的概念。有關此概念的推衍哪些正確？（應選 3 項）

(A) 加拉巴哥群島及厄瓜多爾分處兩大洋演化出不同種的鶯鳥

(B) 哺乳動物皆以乳汁養育幼兒，可證明哺乳動物有共同祖先

(C) 麻雀與企鵝的翼可證明有共同祖先，但蝙蝠則不是此祖先的後嗣

(D) 通常地層古老的化石構造簡單，年輕的相對複雜，可證明祖先及後代之關係

(E) 原核及真核生物皆以轉錄及轉譯製造蛋白質，可推論生物界可能單一起源

52. 族群成長曲線及年齡組成為族群發展之重要指標。圖 15 為族群大小隨時間之變化圖，約略可分為三個階段（L、M、N）。圖 16 有三種不同特性的年齡組成（X、Y、Z），圖中的虛線間為人類的生殖時期，男性及女性組成分別繪於橫軸之上方及下方，橫軸為年齡。有關年齡組成與族群發展的關係，三個階段 L、M、N 與 X、Y、Z 一對一的對應關係，下列何者正確？

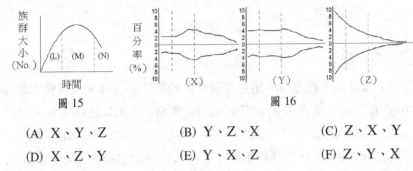

圖 15　　　　　　　　　　　圖 16

(A) X、Y、Z　　　　(B) Y、Z、X　　　　(C) Z、X、Y

(D) X、Z、Y　　　　(E) Y、X、Z　　　　(F) Z、Y、X

53. 海洋包圍著臺灣，有近海陸棚，也有接近外洋的大陸斜坡，海洋生態系之組成複雜，下列多樣的水域生態系特性何者正確？

(A) 日本鰻之生活史橫跨海洋生態系及河流生態系

(B) 石花菜生長於大洋區之透光層，由黑潮輸送到東北水域

(C) 牡蠣是河流生態系的消費者，不能忍受海洋生態系潮間帶的逆境

(D) 飛魚是海洋生態系淺水區的掠食者，洄游於臺灣海峽的黑潮流域

(E) 吳郭魚是臺灣湖泊生態系的特有種，族群量大，也以臺灣鯛為名

54. 族群一辭常見於報章雜誌與大眾口語，生物學中亦然，生物學將它定位於生物體與群集之間。此生物階層之意義及邏輯推論，下列敘述哪些正確？（應選 2 項）

(A) 族群的密度僅單純受環境中適合棲地的面積所限

(B) 族群的大小僅單純受環境中所提供食物的多寡所限

(C) 同一物種的兩個族群，同域互交機率大於異域雜交

(D) 群集中的兩個近似族群其生殖隔離程度，必小於同種的兩個異域族群

(E) 群集中的兩個近似族群其空間隔離程度，必小於同種的兩個異域族群

55-56 為題組

圖 17 為智慧手機之內，加速度感測器的放大示意圖。可以簡單看作中央有一個質量為 M 的物體經由力常數為 k 的兩條相同彈簧，與固定端①與②相連接。感測器平放於水平面（紙面）時，兩彈簧的自然長度各為 d_0。將手機靜止直立並使其長邊沿著鉛垂線時，質量 M 的物體會像彈簧秤上的重物一樣，先輕微上下振盪，然後達成靜止平衡。人們透過無線傳送的方式，可遠端監視加速度感測器所測得

的加速度。某生於時間 $t = 0$ 時，懸空拿著手機（①在上、②在下），並使手機的長邊沿著鉛垂線，在保持靜止一小段時間後釋放，以進行手機沿著鉛垂線方向運動的實驗，依據感測器的讀數紀錄，彈簧力作用於質量為 M 的物體所產生的加速度隨時間的變化如圖 18 所示。在本題組中，重力與彈簧力以外的作用力均可忽略。依據以上資訊，回答 55-56 題。

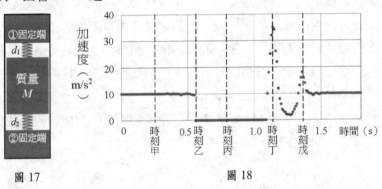

圖 17　　　　　　　　　　圖 18

55. 直立靜止的智慧手機可用來測量重力加速度。如果質量為 M 的物體維持靜止時，手機內加速度感測器的上下兩彈簧的長度分別為 d_1 與 d_2 且 $d_1 \neq d_2$，則該處的重力加速度，其量值為下列何者？
(A) $2(d_1 - d_2) M / k$
(B) $(d_1 - d_2) M / k$
(C) $(d_1 - d_2) k / (2M)$
(D) $(d_1 - d_2) k / M$
(E) $2kM / (d_1 - d_2)$

56. 若圖 18 中五條虛線分別代表五個不同時刻，則下列哪一個時刻前後約 0.1 s 之間，質量 M 的物體是在作手機被放手後的自由落體運動？
(A) 甲
(B) 乙
(C) 丙
(D) 丁
(E) 戊

57-59 為題組

圖 19 為重力波之示意圖,雙星以緊密而快速的模式互相環繞對方時,會產生以光速 $c = 3.0 \times 10^8$ m / s 向外傳播的重力波。2017 年物理諾貝爾獎頒給證實重力波存在的三位物理學家,他們在 2015 年偵測到一個來自雙黑洞系統產生的重力波訊號,如圖 20 所示,雙黑洞系統最主要會經歷旋近、合併、而歸於沉靜的過程,在它們彼此旋近過程所產生的重力波,波的振盪會由緩漸急、由弱漸強;而在快速合併的過程中,產生的重力波之頻率與能量則會漸增,最終合併為一時,重力波將歸於沉寂。已知此雙黑洞系統的初質量分別為 36 M$_\odot$ 與 29 M$_\odot$,而合併沉靜後,新黑洞之質量會因輻射而減少變為 62 M$_\odot$,其中 M$_\odot$ 為太陽的質量(約為 2.0×10^{30} kg)。依據以上資訊,回答 57-59 題。

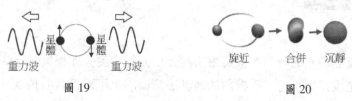

圖 19　　　　　　　　　　　圖 20

57. 科學家曾對各種天體過程可能的重力波輻射進行模擬估算,並與實驗偵測到的訊號振幅作比對。下列的重力波訊號(橫軸代表時間,由左向右遞增),何者最適合描述雙黑洞系統經歷圖 20 所示之過程?

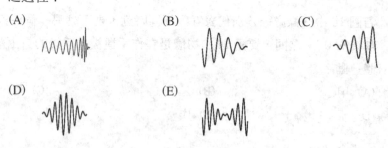

58. 雙黑洞系統經歷旋近、合併、而歸於沉寂的過程，所輻射而出的
總能量最接近下列何者？

(A) 3.0 J 　　　　　(B) 65 J 　　　　　(C) 3.0×10^{17} J

(D) 1.8×10^{39} J 　　(E) 5.4×10^{47} J

59. 假設光譜紅移量 z 與遠方星系到地球距離 d 的關係如圖 21 所示，
若該雙黑洞系統所屬星系的 z 約為 0.1，則其所產生的重力波輻
射訊號到達地球約需多少年？

(A) 1300

(B) 2000

(C) 2.0×10^6

(D) 1.3×10^8

(E) 1.3×10^9

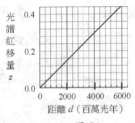
圖 21

60. 臺灣首枚自主研製的高解析度遙測衛星「福衛五號」，於 2017 年
8 月順利升空在距地表 720 公里處繞地球作接近圓軌道運轉。一
般在此高度繞地心作等速圓周運動的衛星，其週期約 100 分鐘。
已知地球半徑約為 6400 公里。若為特殊目的發射一新衛星，使
其沿圓軌道繞行地球一周所需時間約為 800 分鐘。則此新衛星離
地面的高度約為多少公里？

(A) 22000 　　(B) 16000 　　(C) 2800 　　(D) 920 　　(E) 150

61. 甲、乙兩球在光滑的水平直線軌道上以相反方向作等速率 v_0 的
運動，當發生正面碰撞後，甲球反向以 v_0 的速率運動，而乙球
依原方向繼續以小於 v_0 的速率運動，則下列敘述哪些正確？
（應選 2 項）

(A) 碰撞過程中，甲球的受力量值比乙球的受力量值大

(B) 碰撞前後兩球的動量向量和保持不變

(C) 碰撞後兩球的動量向量和變小

(D) 甲球的質量比乙球的質量小

(E) 此碰撞爲彈性碰撞

62. 永續發展必須在不超過「環境承載力」之條件下，可持續滿足現在與未來世代之需求，且所採取之措施可爲社會接受、符合經濟效益及工程技術可行。以水資源爲例，「環境承載力」是指可以供給的最大水資源。現代社會爲因應乾旱事件或未來水資源短缺，往往採行以下措施：

甲、蓋水庫或攔河堰　　　乙、推行節約用水

丙、推行雨水儲集與廢汙水回收

丁、蓋海水淡化廠　　　　戊、抽取地下水

從永續發展的觀點，下列敘述哪些正確？（應選 3 項）

(A) 甲有環保疑慮，等缺水發生時再做就好

(B) 乙應盡量兼顧生活品質

(C) 丁的水源取之不盡用之不竭，應無條件大力推行

(D) 戊需考慮地層下陷與水質問題

(E) 上述所有措施中，最符合永續發展精神的是乙與丙

63. 平常我們看到的太陽盤面稱爲光球，張角大約爲 0.5 度，日冕包圍在光球四周，通常大得多，張角可延伸達數度。然而除非發生日全食或是利用特殊儀器遮住光球（日全食時所見的太陽日冕層如圖 22），肉眼平常無法看到日冕，主要原因爲下列哪一項？

(A) 發生日全食時，太陽才有日冕

(B) 日冕密度低，光度也比光球低很多

(C) 光球離我們較近，看起來比較明亮

(D) 太陽不活躍期間，日冕噴發的現象不明顯

(E) 太陽永遠以同一面對著地球，另外一面的日冕被遮住了

圖 22

64-65 為題組

現行使用的國曆為「格里曆」，由教宗格里 13 世在 1582 年頒布，之後通行全世界。格里曆是依據太陽在天球上的運動而定，其月份與月相盈虧無關。另月球繞地球造成的月相盈虧週期約為 29.53 天，而月球公轉一圈的週期，稱為恆星月，約為 27.32 天。依據前述回答第 64-65 題。

64. 通常在國曆的一個月中有一次滿月，但偶爾有一個月會發生二次滿月，第二次出現的滿月俗稱「藍月」。一年當中哪個月份一定不會出現「藍月」？

(A) 1 月　　　　　　(B) 2 月　　　　　　(C) 7月

(D) 12 月　　　　　(E) 每個月都有機會

65. 由於月球繞行地球的軌道並非正圓形，所以在一個公轉週期中有一個近地點及一個遠地點。假設 1 月 16 日早上 10 時月球行經遠地點，月球該年應於下列哪些日期經過近地點？（應選 2 項）

(A) 1 月 2 日　　　　(B) 1 月 31 日　　　　(C) 2 月 12 日

(D) 2 月 14 日　　　(E) 2 月 26 日

66. 天然氣水合物（俗稱甲烷冰），為甲烷被水冰結構所包裹而形成的冰晶狀固態物質。形成原因為來自較深處沉積物中的天然氣分子被水分子包圍，通常產自低溫高壓的環境中。已知一海域的海床深度約為 1200 公尺，圖 23（甲）中的灰色區域為可形成天然氣水合物的溫度與壓力範圍。

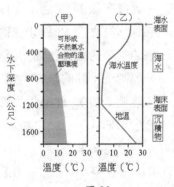

圖 23

某海域的海水溫度與地溫隨深度變化如圖 23（乙）所示，則該海域在以下哪個深度可以生成天然氣水合物的礦床？

(A) 200 公尺 　　　(B) 500 公尺 　　　(C) 1000 公尺

(D) 1400 公尺 　　　(E) 1700 公尺

67. 地球在形成初期，組成物質曾因經歷高溫熔融過程而依密度重新分布，最終使地球具有分層結構。在這些不同分層結構中有其特有的岩石，例如花岡岩、玄武岩、橄欖岩……等。此外在地表上也常發現鐵隕石，其主要成份為鐵鎳合金。下列有關這三種岩石與鐵隕石的密度比較，哪些正確？（應選 2 項）

(A) 花岡岩＞鐵隕石＞橄欖岩

(B) 玄武岩＞花岡岩＞橄欖岩

(C) 橄欖岩＞玄武岩＞花岡岩

(D) 玄武岩＞橄欖岩＞鐵隕石

(E) 鐵隕石＞橄欖岩＞花岡岩

68. 某日，甲、乙、丙、丁四人在各自家中上社群網站一起聊天，且知四人的家分散在（未按順序）臺北、臺中、高雄、與美國洛杉磯。甲突然感覺到有烈震（震度 6 級），10 秒後乙也感覺到弱震（震度 3 級），又過了 7 秒丙感覺到中震（震度 4 級），丁則在甲感到烈震之後 18 秒才覺得有中震（震度 4 級）。今已知地震波傳播的速率約為每秒鐘 4 至 6 公里，而且上述四人所感覺到的地震分屬兩個不同的地震，則下列四人住處的推論哪些最為可能？（應選 2 項）（此題中的震度級距，為方便比較均已換為臺灣震度表示形式）

(A) 甲住高雄 　　　(B) 乙住洛杉磯 　　　(C) 丙住洛杉磯

(D) 丁住臺中 　　　(E) 甲住臺中

107年度學科能力測驗自然科試題詳解

第壹部分

一、單選題

1. **C**

   【解析】 根據週期表第二、第三週期元素，得 X = 鈉 (Na)、
   Y = 氮 (N)、Z = 氧 (O)

   錯誤選項—甲：非金屬應有兩種，分別為氮、氧；

   乙：氧為 –2 價，易形成 O^{2-}

   正確選項—丙：碳和氧可形成二氧化碳氣體；

   丁：鈉為 1A 族元素，價數為 + 1

2. **A**

   【解析】 1. 「姹女」具有流動性，銀、鉛不符，故選液態金屬
   ——汞。

   2. 可氧化且反應，金的活性極小不易反應，故選呈黃
   色針狀物質——硫。

   3. 汞和硫可形成穩定的硫化汞，符合題幹。

3. **B**

   【解析】 (A) 應使用陶瓷纖維網，使燒杯均勻受熱

   (B) 60 g / 200 mL 可溶解完畢，故該溫度之溶解度必
   大於 30 g / 100 mL

   (C) 溶液溫度原為 80℃，溶解後沸騰代表環境溫度上
   升，為放熱反應

(D) 突沸現象須先到達沸點，但缺少氣泡核而無法汽
化，與題幹不合

(E) 應使用玻璃棒

4. **D**

【解析】 $1CH_3OH + 3/2O_2 \rightarrow 1CO_2 + \mathbf{2}H_2O$

$1C_2H_5OH + 3O_2 \rightarrow 2CO_2 + \mathbf{3}H_2O$

5. **E**

【解析】 $NaOH + HCl \rightarrow NaCl + H_2O$

當滴定 1 M NaOH 達 1 L 時，和 1 L，1 M HCl 達中和
點，此時導電性會因形成 H_2O 而變最小，繼續滴定
NaOH 使鹼過量，導電度再提升但由於水的生成，溶
液被稀釋，使得最後導電度無法與最開始相當。

6. **C**

【解析】 (A) $C_2H_5OC_2H_5$　　二乙醚

　　　　C_4H_9OH　　　　1-丁醇

(B) 兩者為同分異構物，分子量相同

　　$12 \times 4 + 1 \times 10 + 16 \times 1 = 74$

　　$12 \times 4 + 1 \times 10 + 16 \times 1 = 74$

(C) $H_5C_2\text{-}O\text{-}C_2H_5$　　二乙醚

　　$CH_3\text{-}CH_2\text{-}OH$　　1-丁醇

(D) 都為 4 個碳

(E) 同分異構物的相同反應，化學平衡係數均相同，
故燃燒所需氧氣亦同

7. **B**

【解析】 乙：應先以大量清水沖洗

丙：應用實驗室之洗眼器緊急沖水後送醫療單位

8. **B**

【解析】 $3Cu + 8HNO_3 \rightarrow 3Cu(NO_3)_2 + 4H_2O + 2NO$

9. **A**

【解析】 (B) 葡萄糖在細胞質就先初步分解（糖解作用）

(C) 葉綠體在光反應時會將太陽能轉換成 ATP，作為暗反應所需的能量

(D) 植物可行呼吸作用，亦有粒線體

(E) 糖解作用（產生 ATP）是在細胞質不是在內膜

10. **D**

【解析】 酵素活性因溫度、酸鹼性不同而有所差異。

根據題目需求「常溫」且「鹼性」條件下，活性最佳者，應選丁。

11. **C**

【解析】 胎生苗是有性生殖，除了毬果其他都是無性生殖。

12. **E**

【解析】 從圖表中可得知，照光長度與平均開花時間沒有顯著影響，因此答案為 (E)

13. **B**

【解析】 (A) 多糖由 C、H、O 原子序皆不超過 10。

(B) 脂質由 C、H、O 所組成，原子序皆不超過 10。

(C) 蛋白質由 C、H、O、N、S 所組成，S 元素原子序
　　超過 10。

(D) 組成核酸有 C、H、O、N、P…等，這些元素原子
　　序皆不超過 16。

(E) 去氧核醣核酸和核醣核酸差一個 O，本身仍存在
　　著其他 O 元素。

14. **A**

【解析】1. 投影放大影像 2 倍，因此水波真實沿半徑向外的位
　　　　　移應為；

2. 費時 5 秒得波速 $v = \dfrac{15cm}{5} = \dfrac{3cm}{s}$；

3. 筆尖每秒 3 次輕觸水面可得知頻率 f 為 $3Hz$；

4. 得 $\lambda = \dfrac{\dfrac{3cm}{s}}{3Hz} = 1$

15. **E**

【解析】甲與乙同學：皆為正確。

丙同學：弱力為四力之中，範圍最小之力，僅有
　　　　　10^{-18} 公尺。

丁同學：應是測量蘋果質量與加速度，進而求得重力
　　　　　之關係，也就是牛頓 2nd

16. **E**

【解析】一小球由高空靜止落下，若不考慮空氣阻力因素，因
為重力加速度的關係，速度會變得越來越快，但因有
空氣阻力影響，小球下降速率變化量將會逐漸趨緩，
因此答案選 (E)。

17. **A**

【解析】 左邊與右邊圓形線圈所產生電流，眼睛方向由左至右來看，皆會是順時針，用右手定則可知，磁生電將會產生由左至右之磁場，由圖中座標可知是磁場方向是向東。

18. **C**

【解析】 照射於金屬的入射光頻率達到某一定值，可使金屬中的電子從表面逸出，由此可證明光的粒子性。

19. **A**

【解析】 (A) 火成岩是熔岩從地殼深處上升，經過冷卻、凝固及結晶形成。

　　　　(B) 沉積作用發生在地表，若地表沒有沉積岩，地底深處也不會有。

　　　　(C) 月球坑洞多由太陽系內隕石撞擊而形成。

　　　　(D) 沒有沉積岩可判斷地表欠缺侵蝕、搬運所需要的大量流水。

　　　　(E) 沒有變質岩可判斷月球無板塊運動。

20. **A**

【解析】 一次潮汐週期為 12 小時又 25 分鐘，2 次為 24 小時又 50 分鐘。今天 11 點達乾潮，則隔天的 11 點的會比潮位最低點早 50 分鐘，因此會有潮間帶出現，並且潮位會逐漸下降，到 11：50 分達乾潮。

21. **C**

【解析】 (A) 還有洋流和海底火山…等因素。

(B) 不是因海岸線的不平直，而是水深變化而發生偏折的現象。

(D) 更正：海岬抗侵蝕力較海灣佳，因此海灣會因波浪侵蝕而繼續往陸地內凹。

(E) 碎浪是會對海岸結構產生影響的。

22-23 為題組

22. **C**

【解析】 在圖6中以 7/29（08時）此點當作圓心，並以宜蘭的點與圓心連接線當作半徑，畫完圓後可發現，因颱風為熱帶性低氣壓，為逆時針旋轉，所以在宜蘭此點的切線方向為向左下，因此風向為東北。

23. **A**

【解析】 颱風經過時氣壓會降低，離開後氣壓會升高，因此產生選項(A)的圖形。

二、多選題

24. **CD**

【解析】 (A) 甲為柱頭，是雌蕊的一部份

(B) 乙為花藥，其中花粉（精細胞）染色體套數為 n

(C) 丙為子房中的胚珠，內含卵

(D) 單子葉植物花瓣數多為 3 的倍數，本題有 6 片，雙子葉植物的花瓣數則多為 4 或 5 的倍數

(E) 花柱及子房壁屬於體細胞，都是由雙套染色體的細胞組成

25. **ABE**

【解析】 (A) 不同種類的白血球，細胞核的形態各異，紅血球、血小板則無核

(B) 成熟血球細胞僅白血球有細胞核，紅血球、血小板均無

(C) 白血球多為球形，中心區域較不透光，紅血球中心區域凹陷，較透光

(D) 血小板可被染色，染色後為藍色

(E) 不同種類的白血球，細胞核的形態各異

26. **AD**

【解析】 (A) 肺臟：CO_2 溶於血液中會形成碳酸，過多過少會使 pH 值降低或升高，可藉增加或減少呼吸頻率控制肺臟排除 CO_2 的量來控制血液 pH 值。腎臟：腎小管可分泌 H^+ 及再吸收 HCO_3^- 進行調節。

(B) 濾液<u>含有</u>胺基酸，但再吸收時幾乎會全被回收

(C) **<u>遠曲小管亦具有再吸收功能</u>**

(D) H^+ 可藉由排泄系統移除

(E) 酒精會**<u>抑制 ADH 的作用</u>**，而 **<u>ADH 會抑制排尿</u>**

27. **ADE**

【解析】 (A) 小腦可協調骨骼肌的活動

(B) 大腦白質由軸突組成，協調腦區間正常運作，記憶、思考、判斷等功能主要位於大腦皮質

(C) 視丘為嗅覺外所有感覺進入大腦前的必經之路，調節體溫、血壓者為下視丘

(D) 延腦可調節呼吸、心跳及吞嚥等活動

(E) 所有感覺都發生在大腦灰質

28. **CD**

【解析】 (A) 電磁波<u>有</u>繞射與干涉的現象

(B) 電磁波在空間傳播<u>不</u>須以帶電粒子為介質

(C) 電磁波具有隨時間作週期性變動的電場與磁場

(D) 1.5×10^{11} 公尺的距離以 8.7×10^5 公尺/秒的速率前進約需二天

(E) 「<u>太陽閃焰</u>」爆發後約 8 分鐘，地球上才能觀測到太陽閃焰影像

29-30 為題組

29. **BC**

【解析】 (A) 小磁針 N 極立刻偏轉，持續通電時，指針<u>不會</u>回復指向北方

(B) 導線磁場使小磁針 N 極偏轉向東，而其與地球磁場構成之合成磁場使小磁針最後維持於北偏東的方向

(C) 甲迴路接通瞬間產生的磁場變化使乙迴路產生感應電流，檢流計 G 指針立刻偏轉，但隨後磁場不再變化，乙迴路不再有電流，因此檢流計 G 指針回復指向零電流

(D) 甲迴路接通瞬間，流經檢流計 G 的電流方向為由南向北，但同 (C)，乙迴路隨後<u>不再有電流</u>

(E) 同 (D)，檢流計 G 指針<u>回復指向零電流</u>

30. **BE**

【解析】 (A) 甲迴路仍接通，小磁針 N 極仍指向北偏東，但乙迴路被拉離時，迴路中的由甲迴路產生的磁場持續減弱，因此檢流計 G 會一直顯示有電流通過

　　(B) 同 (A)，小磁針 N 極仍指向北偏東

　　(C) 同 (A)，檢流計 G 會一直顯示有電流通過

　　(D) 同 (A)，流經檢流計 G 的電流方向為由北向南

　　(E) 同 (D)，流經檢流計 G 的電流方向為由北向南

31. **AC**

【解析】(A) 光因繞射的關係而可能進入 y < 0 區域

　　　　(B) 光因**繞射**的關係而可能進入 y < 0 區域

　　　　(C) 光的波長愈長，光線往下偏向進入 y < 0 區域的角
度愈大

　　　　(D) 光因**繞射**的關係而可能進入 y < 0 區域

　　　　(E) 同 (C)，光的波長愈長，也就是頻率愈**低**時，光線
往下偏向進入 y < 0 區域的角度愈大

32. **BE**

【解析】(A)(B)(C) 車籠埔斷層為**逆斷層**

　　　　(D)(E)(F) 車籠埔斷層為逆斷層，上盤相對上升，位於
相片中**左側**

33. **CE**

【解析】(A) 維蘇威火山爆發**不**具特定週期

　　　　(B) 維蘇威火山為爆裂式噴發，主要岩石應**非玄武岩**

　　　　(C) 可以從排出氣體的量和成分變化來監測火山爆發

　　　　(D) 維蘇威火山為爆裂式噴發，形成澎湖的則為寧靜
式噴發，形式**不同**

　　　　(E) 西元 1600 年到 2000 年間維蘇威火山爆發較頻繁

34. **ACD**

【解析】 (A)(B) 水泥建物易吸放輻射熱，溫度升降幅度大，樹林覆蓋區溫度較穩定

(C) 樹林能攔截太陽輻射，樹林消失使得地表吸收輻射量增加，白天氣溫變高

(D) 藉由水蒸發所吸收的熱能減少，加以地表吸收輻射量增加，長期如此導致白天氣溫升高

(E) 攔截長波輻射的為溫室效應氣體

35. **BD**

【解析】 (A) 6 時為**相對濕度**最高，實際水氣含量最高應在**12 時**左右

(B) 6 時相對濕度最高

(C) 相對濕度最低應為 **14 時**，氣溫與露點落差最大

(D) 14 時氣溫最高，飽和水氣含量最高

(E) 清晨溫度未降至露點，應**無**濃霧發生

36. **ABD**

【解析】 (A) 放熱反應使反應系統的溫度上升

(B) 反應式為：

$$CO(g) + NO_2(g) \rightarrow CO_2(g) + NO(g) + 226 \text{ kJ}$$

(C) 此反應的熱化學反應式為：

$$CO(g) + NO_2(g) \rightarrow CO_2(g) + NO(g) \quad \Delta H = \underline{-226 \text{ kJ}}$$

(D) 放熱反應的逆反應會是吸熱反應

(E) 反應物均由 1 莫耳變為 2 莫耳，放出熱量亦會是二倍，即 **452 kJ**

三、綜合題

37-40 為題組

37. **E**

【解析】α = He 原子核（質量數為 4，原子序為 2）

n 為中子，可知 b = 1，a = 0

核反應方程式，兩端質量數，原子序需守恆。

① 5 + a = c，c = 5

② 11 = 7x + 4y

③ c = 3x + 2y

由②，③可得 x = 1，y = 1

因此答案選 (E)

38. **B**

【解析】(A) 科氏力應朝北

(C) 表面洋流應往東部擴張

(D) 由洋流圖中可知，輻射物經由洋流會先經過美國
西岸再經過台灣

(E) 由墨西哥暖流等將赤道的暖流帶往北大西洋，暖
流在高緯度處被冷卻後下沉到海底，因此不會在
日本附近就下沉

39. **A**

【解析】強作用力：使夸克在質子和中子中結合在一起的力。

弱作用力：夸克變成另一種型的夸克，或是輕子變另
一種輕子的過程。

(A) 正確

(B) 距離才會影響強作用力

(C) 電子不會融入原子核

(D) 弱作用力為一變化的過程

(E) 原子核不會變成液態

40. **AE**

【解析】 (A) 由選文可知正確

(B) 利用放射線增加電子傳遞鏈的速率

(C) 選文並無此內容

(D) 新型隱球菌為單細胞酵母菌型的真菌,無從得知酵母菌的條件

(E) 由選文可知正確

第貳部分

41-43 為題組

41. **E**

【解析】 甲生:並無此規定

乙生:正確,碳可連接 4 個鍵

丙生:正確,如 CH_4 和 CH_4 的 C 要相接時必先扣除 2 個氫;CH_4 和 H_2O 的 O 和 C 要相接時,也必須先扣除 2 個氫。

42. **D**

【解析】 一個碳能接四個氫,當有兩個碳相接(C-C)時,最多能接六個氫,接氧不影響接氫的數量(氧有兩隻手),接氮則能多接一個氫(氮有三隻手),所以共 $6+1$ 個氫

43. **A**

【解析】　$H - C \equiv C - N = O$

44. **D**

【解析】　此題即問何者氫氧根濃度最高，又一化合物爲電中
性，因此氫氧根數量與另一負離子電量成正比，所以
求負離子電量與濃度乘積最高者即可。

　(A) 氯離子負一價，莫耳濃度 0.1 M

　(B) 氫氧根離子負一價，莫耳濃度 0.2 M

　(C) 硫離子負二價，莫耳濃度 0.3 M

　(D) 鉻酸根離子負二價，莫耳濃度 0.4 M

　(E) 溴離子負一價，莫耳濃度 0.5 M

選乘積最高者 (D)

45. **BCD**

【解析】　(A) 果糖是單醣其他爲雙醣

　(E) 飽和無雙鍵

46. **ABC**

【解析】　(A) 畜牧業

　(B) 工廠廢氣

　(C) 汽車廢氣

　(D) 氮氣爲固定氣體

　(E) 人類活動並無增加水氣

47. **AE**

【解析】　(B) 莫耳燃燒熱（kJ／mol）越大

　(C) 混合物

　(D) 依舊會有爆震現象

48. **ADE**

【解析】 (B) 動物細胞的中心粒才會在兩端

(C) 四分體在減數分裂的時候才會出現,故只會出現在生殖細胞

49. **BE**

【解析】 (A) 紅綠色盲為性聯遺傳,色盲等位基因在 X 上,所以甲必定沒有

(B) 乙沒有色盲,但丙、丁的 X 都來自乙,但乙本身並無色盲,固有一正常等位基因

(C) 同型合子代表兩個基因都是顯性或隱性,因為是男生所以不是

(D) 若戊有色盲(正常和不正常),己和庚也有可能沒有色盲

(E) 戊是正常的(正常和正常),所以己必定正常

50. **C**

【解析】 (A) 染色體與目標染色體產生重組

(B) 並一定是兩個黃豆,但其中之一定要是黃豆,且不一定是細胞融合,只有 DNA 重組也可以

(D) 不用分離卵子,且沒有卵細胞

(E) 尋找目標的特殊能力 DNA

51. **BCE**

【解析】 (A) 述說如何產生種族差異,與題目要問的重點無關

(D) 無法直接從化石簡單與複雜判斷關係

52. **F**

【解析】 Z 圖可以看出出生率高，死亡率高，表示族群不夠穩
定，屬於初期；Y 圖可以看出出生率與死亡率皆降
低，此時族群的數量會達最大值；X 圖可以看出出生
率與死亡率大幅減少，屬於一族群晚期的特徵，族群
數量會開始減少

53. **A**

【解析】 (B) 並沒有利用黑潮輸送至東北水域

(C) 牡蠣生長在海洋生態系

(D) 飛魚主要以浮游生物爲食，不屬於掠食者

(E) 不只出現在湖泊生態系，海洋生態系也有

54. **CE**

【解析】 (A)(B) 也和數量有關

(D) 即使地緣相近，物種不同的類群之間不能互相交配

55-56 爲題組

55. **D**

【解析】 $F = M \times a = k \times x$

$\Rightarrow M \times a = k$

$\Rightarrow a = (d_1 - d_2)\, k\, / \, M$

56. **C**

【解析】 自由落體時因手機與 M 皆在做自由落體運動

（ $d_1 = d_2$ ），故測不到加速度

<u>57-59 為題組</u>

57. **A**

【解析】 由題組可知：波的振盪會由緩漸急、由弱漸強；而在快速合併的過程中，產生的重力波之頻率與能量則會漸增，最終合併為一時，重力波將歸於沉寂。

(A) 圖形開始時起伏應較小，隨著合併的發生，震盪漸急且能量漸強，所以圖形將會出現大幅度差距，而最終合併時重力波歸於沉寂，圖形再次回到基準點。

(B) 為由強至弱。

(C) 為由弱至強。但其並沒有回歸至基準點，不符合歸於沉寂。

(D) 為由弱至強，再由強至弱

(E) 為由強至弱再由弱至強，不符合題目之敘述

58. **E**

【解析】 由題組可知：

雙黑洞系統的初質量分別為 $36\ M_\odot$ 與 $29\ M_\odot$，

合併後新黑洞之質量因輻射而減少變為 $62\ M_\odot$。

其中消失的質量變成能量而輻射散失。

（其中 $M_\odot$ 約為 2.0×10^{30} kg）

合併前之總質量為 $36\ M_\odot + 29\ M_\odot = 65\ M_\odot$

合併後轉換成能量之質量為 $65\ M_\odot - 62\ M_\odot = 3M_\odot$

$= 3 \times 2.0 \times 10^{30}$ (kg) $= 6.0 \times 10^{30}$ (kg)

依據質能轉換公式 $E = mc^2$

$m = 6.0 \times 10^{30}$ (kg) 黑洞系統減少之質量

$c = 3.0 \times 10^8$ m／s 光速

$$E = 6.0 \times 10^{30} \times (3.0 \times 10^{8})^{2} = 6.0 \times 10^{30} \times 9 \times 10^{16}$$
$$= 5.4 \times 10^{47} \text{ (J)v}$$

59. **E**

【解析】 由題幹可知 $z = 0.1$，對應 c 至距離約為 1300（百萬光年），光年為光前進一年的距離。所以移動了幾光年，即是花費了多少年。$1300 \times 10^{6} = 1.3 \times 10^{9}$（光年）

60. **A**

【解析】 根據克卜勒第三定律：$\dfrac{T_1^2}{R_1^3} = \dfrac{T_2^2}{R_1^3}$，

依題意列式 $\dfrac{100^2}{(6400 + 720)^3} = \dfrac{800^2}{(6400 + x)^3}$

$\Rightarrow \dfrac{1}{7120} = \dfrac{4}{6400 + x} \Rightarrow x = 22080 \text{ km}$

61. **BD**

【解析】 (A) 依據牛頓第三運動定律。作用力等於反作用力，受力相等。

(B) 系統無外力介入，系統內動量維持不變。

(C) 系統無外力介入，系統內動量維持不變。

(D) 甲球質量為 m_1，碰撞前速度為 v_0，碰撞後速度為 v_1
乙球質量為 m_2，碰撞前速度為 v_0，碰撞後速度為 v_2
$$m_1 v_0 + m_2 v_0 = m_1 v_1 + m_2 v_2$$
$$m_1(v_0 - v_1) = m_2(v_2 - v_0)$$
$$v_0 - v_1 > v_2 - v_0$$
$$m_2 > m_1$$

(E) $\dfrac{1}{2}(m_1 + m_2)v_0^{\,2} \neq \dfrac{1}{2}m_1v_0^{\,2} + \dfrac{1}{2}m_2v_2^{\,2}$

動能不守恆，爲非彈性碰撞

62. **BDE**

【解析】 (A) 缺水時再建造水庫或攔河堰已來不及供水。

(B) 節約用水應適度，不宜因節約而造成生活困擾。

(C) 海水淡化廠有：

⑴ 過度耗能：所有淡化製程需要大量電能。

⑵ 海洋汙染：淡化廠排出之濃鹽水含鹽量唯一般海水的兩倍，且溫度高於海水，可能會破壞該區域原有之海洋生態。

(D) 抽取過量地下水將會導致地層下陷

(E) 從生活中的節約用水（乙），與雨水儲集與廢汙水回收（丁），能夠在不影響週遭環境且能符合永續發展之方案。

63. **B**

【解析】 (A) 日冕一直都存在，只是因爲光球較亮而不易觀察到日冕，當發生日全食時，能以肉眼觀察到較清楚的日冕。

(C) 日冕與色球層，皆在光球之外。

(D) 日冕噴發所造成的影響爲引發磁暴，破壞電力系統、通信設施等

(E) 肉眼無法觀察到日冕是因爲光球較亮，所以不易觀察。

<u>64-65 為題組</u>

64. **B**

　【解析】　由題組可知，月球繞地球造成的月相盈虧週期約為
　　　　　　29.53 天。而在國曆的 2 月當中就算是最長的閏年也
　　　　　　只有 29 天，假設在 2 月的第一天滿月，下一次的滿
　　　　　　月時間需再加 29.53 天，必定會超出二月，所以 2 月
　　　　　　不可能出現藍月。

65. **AE**

　【解析】　由題組可知，月球公轉一圈的週期，約為 27.32 天，
　　　　　　約為 27 天又 7 小時。
　　　　　　近日點與遠日點時間差距約為 13、14 天又 3.5 小時。
　　　　　　以 1 月 16 為基準（遠地點）往前推倒可能為 1 月 3 日
　　　　　　或 1 月 2 日凌晨 6 點半左右抵達近地點，故選 (A)。
　　　　　　往後推導則可能為 1 月 29 日或 1 月 30 日下午 1 點半
　　　　　　左右；
　　　　　　往後推導一個月（以 1 月 16 日加上 27.32 天），
　　　　　　以 2 月 12 下午 1 點半為基準（遠地點），
　　　　　　則有可能為 2 月 25 日或 2 月 26 日下午五點左右
　　　　　　抵達近地點，故選 (E)。

66. **D**

　【解析】　由圖 23 可知，在水下深度約 600 公尺左右即可達到可
　　　　　　形成天然氣水合物的溫壓環境。但由於水深 1200 公尺
　　　　　　前皆為海水，並沒有海床可供天然氣水合物累積形成
　　　　　　礦床，所以需在水深 1200 公尺以下，故選 (D)；而 (E)
　　　　　　選項，在水深 1700 時，溫度達到約攝氏 20 度左右，
　　　　　　已超出可形成天然氣水合物之溫壓環境，故不合。

67. **CE**

【解析】 密度大小比較：

鐵隕石＞橄欖岩＞玄武岩＞花崗岩

(C)、(E) 選項符合。

68. **BE**

【解析】 (A) 甲如果住高雄，由時間關係可判斷

乙住台中，丙丁住高雄（狀況 1）。

丙住台中，丁住高雄（反之亦可）（狀況 2）

狀況 1

此種狀況下，乙先感受到地震由題目可知震度為

3 級，接下來不論是丙或丁住在台北都不可能，因

為他們感受到的震度為 4 級，不可能大於乙感受

到之震度。由此可知，狀況 1 不成立。

狀況 2

丙住台中，丁住高雄

丙先感受到地震，而後一秒，丁感受到地震。

由題目可知地震波每秒鐘傳遞 4 至 6 公里，不可

能由台中傳遞到台北。狀況 2 亦不成立。

(B) 乙如果住在洛杉磯，由於距離關係，地震波不可

能在時間內（乙感受到地震後的 8 秒之中傳遞到

最後感受到的丁），由此可將乙的狀況獨立，探討

甲、丙、丁之關係。

以下探討：甲、丙、丁之關係

甲最先感受到，必為地震發生處。由於丙與丁感

受到地震的間隔只有一秒，所以甲不可能位於台

北或高雄，甲必定位於台中（甲如果位在台北或

高雄，丙必定位於台中，因其為第二個感受到地
震波者。丙感受到地震波後之一秒在甲對面之丁
不可能感受到地震波，故甲必定位於兩者間之台
中，而丙、丁可位於台北或高雄）。

由此可知甲位於台中，而丙位於台北，丁位於高
雄（丙、丁之關係相反亦可），由甲所在地台中所
傳遞出之地震波，傳遞至南北兩城市，而有一秒
之差距為合理範圍。故此選項成立

(C) 倘若丙住洛杉磯，則甲、乙、丁必定位於台灣，
　　(A) 選項已討論過乙位於台中之情況，以上就乙位
　　於南北端來討論。

　　當乙位於台北或高雄，甲必定位於台中（因為乙
　　在時間上為第一個地震波接受者），但從震度來
　　看，首先接受震波的乙強度卻小於丁，不符合能
　　量的傳遞，所以乙不可能位於台灣。也就是說，
　　甲、丙、丁，必定住在台灣。

(D) 由 (B) 之推論可知，丁可能位於台北或高雄，不可
　　能位在台中。

(E) 由 (B) 之推論可得甲位於台中。

107 年大學入學學科能力測驗試題
國文考科（選擇題）

一、單選題（占 68 分）

說明：第 1 題至第 34 題，每題有 4 個選項，其中只有一個是正確或
最適當的選項，請畫記在答案卡之「選擇題答案區」。各題
答對者，得 2 分；答錯、未作答或畫記多於一個選項者，該
題以零分計算。

1. 下列「」內字音前後相同的是：
   (A) 「簪」纓世族／浸潤之「譖」
   (B) 若「垤」若穴／藩籬「桎」梏
   (C) 財匱力「絀」／正身「黜」惡
   (D) 「檣」傾楫摧／稼「穡」之道

2. 下列文句，用字完全正確的是：
   (A) 慢不經心的求學態度，將連帶降低學習成效
   (B) 謾罵與善意批評本質有別，二者心態也不同
   (C) 他的建築設計作品響譽國際，堪稱當代巨擘
   (D) 伴隨一晌貪歡而來的，常是慘不忍堵的代價

3. 閱讀下列新詩，最適合填入□內的詞依序是：
   甲、山稜劃開暗夜／□□洩漏下來（瓦歷斯・諾幹〈折信刀〉）
   乙、路在前面／伸著／長長的舌頭／把一雙雙的腳／□了進去（向
   明〈七孔新笛〉）
   丙、最後一隻高音階的 LA／還來不及出現／夕陽以吸塵器的速度／
   將這一切□□乾淨（顏艾琳〈夕陽前發生的事〉）

丁、我撐傘走過老樹下／已不見它那灰白蒼老的影子／年輕的翠綠
承受細雨的彈珠／調皮的□□在傘上（陳秀喜〈復活〉）

(A) 誓言／舐／沖刷／丟擲

(B) 誓言／捲／吞沒／流洩

(C) 祕密／舐／吞沒／丟擲

(D) 祕密／捲／沖刷／流洩

4. 閱讀下文，最適合填入□□□□內的語詞依序是：

　　葉石林《避暑錄話》中多精語。其論人才曰：「唐自懿、僖以
後，人才日削，至於五代，謂之□□□□可也。然吾觀浮屠中乃有
雲門、臨濟、德山、趙州數十輩人，卓然超世，是可與扶持天下，
配古名臣。然後知其散而橫潰者，又有在此者也」云云。此論天下
人才有定量，不出於此則出於彼，學問亦然。元明二代，於學術蓋
無可言，至於詩文，亦不能出唐宋範圍，然書畫大家□□□□。國
朝則學盛而藝衰。物莫能兩大，亦自然之勢也。（王國維《東山雜
記》）

(A) 空國無人／沒沒無聞

(B) 空國無人／接武而起

(C) 人才輩出／沒沒無聞

(D) 人才輩出／接武而起

5. 下列是一段現代散文，依據文意，甲、乙、丙、丁、戊排列順序最
恰當的是：

四面街角至少有幾百個人焦躁地等著過街，也有些人和我們一樣在等
計程車。……每逢紅綠燈轉換時，一大波傘海會像激流般沖往對岸，
不斷有人踩進了積水的坑洞而驚呼。

甲、能抓住車門的手　　　　乙、留在路旁的是有增無減的等車的人

丙、<u>一大群人擁上去</u>　　丁、<u>真是令人羨慕的幸運之手</u>

戊、<u>偶有一輛空車亮著頂燈在車陣中出現</u>

那些人的臉上似乎有一種強勝弱敗的神色，很快融入車海。（齊邦媛〈失散〉）

(A) 乙戊甲丙丁

(B) 乙戊丙甲丁

(C) 戊丙甲丁乙

(D) 戊丙丁甲乙

6. 下列是仁欣醫院在進行手術治療前，提供給患者的麻醉風險等級表，依據表中的資訊，敘述**錯誤**的是：

麻　醉　風　險　等　級　表		
級別	病人狀態	死亡率
1	健康	0.06～0.08%
2	有輕微的全身性疾病，但無功能上的障礙	0.27～0.4%
3	有中度至重度的全身性疾病，且造成部分功能障礙	1.8～4.3%
4	有重度的全身性疾病，具有相當程度的功能障礙，且時常危及生命	7.8～23%
5	瀕危，無論是否接受手術治療，預期在 24 小時內死亡	9.4～51%

(A) 第 1、2 級死亡率約為 0.06% 至 0.4%，可見麻醉雖有風險但危險程度低

(B) 第 3、4 級風險程度增高，乃因病人患有全身性疾病，且伴隨功能障礙

(C) 第 5 級死亡率可高達 1/2，但在不開刀的情形下，可能一天內結束生命

(D) 麻醉風險與患者的健康狀況密切相關，死亡率由高至低依序為 1 至 5 級

7. 依據下文，作者「對蚊子絕不排斥」，最可能的原因是：

　　過了一天非人的生活，到了夜晚想做一件人做的事：睡覺。但是，不忙著睡，寶貝蚊子來了。雙方的工作不外下列幾種：（一）蚊子奏細樂。（二）我揮手致敬。（三）樂止。（四）休息片刻。（五）是我不當心，皮膚碰了蚊子的嘴，奇痛。（六）蚊子奏樂。（七）我揮手送客。清晨醒來，察視一夜工作的痕跡，常常發現腿部作玉蜀黍狀。有時候面部略微改變一點形狀，例如：嘴唇加厚，鼻樑增高。據腦筋靈敏的人說，若備一床帳子，則蚊子自然不作入幕之賓。但我已和太太商量就緒，在下月發薪之前，無論如何，我們仍然要保持大國民的態度，對蚊子絕不排斥。（改寫自梁實秋〈蚊子與蒼蠅〉）

(A) 蚊子能增添生活樂趣

(B) 擁有慈悲為懷的精神

(C) 喜好觀察自然界細物

(D) 貧窮生活的自我解嘲

8. 依據下文，最符合作者理想的文藝評論是：

　　評論家最好能具備這樣幾個美德：首先是言之有物，但不能是他人之物，尤其不可將西方的當令理論硬套在本土的現實上來。其次是條理井然，只要把道理說清楚就可以了，不必過分旁徵博引，穿鑿附會，甚至不厭其煩，有如解答習題一般，一路演算下來。再次是文采斐然，不是寫得花花綠綠，濫情多感，而是文筆在暢達之中時見警策，知性之中流露感性，遣詞用字，生動自然，若更佐以比喻，就更覺靈活可喜了。最後是情趣盎然，這當然也與文采有關。一篇上乘的評論文章，也是心境清明，情懷飽滿的產物，雖然旨在說理，畢竟不是科學報告，因為它探討的本是人性而非物理，犯不著臉色緊繃，口吻冷峻。（余光中《從徐霞客到梵谷・自序》）

(A) 關注本土現實，不與西方理論進行比較

(B) 能針對作品闡述己見，不刻意逞詞炫學

(C) 用比喻解讀作品的內蘊，安頓讀者心靈

(D) 以感性情味為尚，避免因知性而顯枯燥

9. 依據下文，作者對於歷史書寫「覺得恐懼」，最可能的原因是：

　　血管賁張的想像，都在史料閱讀之際平息下來，過多的熱情也被迫必須冷卻。歷史的想像，在古典顏色的紙頁之間穿梭，以求得假想中的一個事實。但是，在千錘百鍊的考據下獲得的事實，果真是屬於事實？頹然坐在浩瀚的史書之前，忽然覺悟所謂事實不都是解釋出來的？史料與史料的銜接，如果需要人工著手構築，如何證明事實值得信賴？歷史想像求得的事實，如何不是想像的延伸？內心自我提問的過程，一旦陷入之後，時間之旅便無窮無盡。對於歷史書寫，越來越覺得恐懼。（陳芳明〈書寫就是旅行〉）

(A) 史料龐雜因而無法盡讀

(B) 想像延伸因而血脈賁張

(C) 事實因解釋而無窮無盡

(D) 熱情因閱讀而頹然冷卻

10. 依據下文，最能與文旨呼應的是：

　　豚澤之人養蜀雞，有文而赤翁。有群雛周周鳴。忽晨風過其上，雞遽翼諸雛，晨風不得捕，去。已而有烏來，與雛同啄。雞視之兄弟也，與之下上，甚馴。烏忽銜其雛飛去。雞仰視悵然，似悔為其所賣也。（宋濂《燕書》）

(A) 螳螂捕蟬，黃雀在後

(B) 鳥盡弓藏，兔死狗烹

(C) 福生於畏，禍起於忽

(D) 失之東隅，收之桑榆

赤翁：紅色頸毛。
雛：ㄔㄨˊ，小雞。
周周：同「啁啾」。
晨風：猛禽名。

11. 下引文句之學派歸屬，排列順序正確的是：

甲、古者以天下為主，君為客，凡君之所畢世而經營者，為天下
　　也；今也以君為主，天下為客，凡天下之無地而得安寧者，為
　　君也。是以其未得之也，屠毒天下之肝腦，離散天下之子女，
　　以博我一人之產業，曾不慘然！

乙、凡將立國，制度不可不察也，治法不可不慎也，國務不可不謹
　　也，事本不可不摶也。制度時，則國俗可化，而民從制。治法
　　明，則官無邪。國務壹，則民應用。事本摶，則民喜農而樂戰。

丙、處大國不攻小國，處大家不篡小家，強者不劫弱，貴者不傲
　　賤，多詐者不欺愚。此必上利於天，中利於鬼，下利於人。三
　　利，無所不利，故舉天下美名加之，謂之聖王。

(A) 法家／道家／墨家

(B) 法家／儒家／道家

(C) 儒家／法家／墨家

(D) 儒家／墨家／道家

12-14 為題組

閱讀韓愈〈師說〉中甲、乙二段，回答 12-14 題。

甲

　　古之學者必有師。師者，所以傳道、受業、解惑也。人非生而知
之者，孰能無惑？惑而不從師，其為惑也終不解矣！生乎吾前，其聞
道也，固先乎吾，吾從而師之；生乎吾後，其聞道也，亦先乎吾，吾
從而師之。吾師道也，夫庸知其年之先後生於吾乎？是故無貴、無賤、
無長、無少，道之所存，師之所存也。

乙

　　聖人無常師：孔子師郯子、萇弘、師襄、老聃。郯子之徒，其賢不及孔子。孔子曰：「三人行，則必有我師」。是故弟子不必不如師，師不必賢於弟子。聞道有先後，術業有專攻，如是而已。

12. 依據上文，下列闡釋正確的是：
   (A) 「人非生而知之者，孰能無惑」，謂人皆不免有惑，故須從師以解惑
   (B) 「吾師道也，夫庸知其年之先後生於吾」，謂無論少長均應學習師道
   (C) 「聖人無常師」，謂聖人的教育方法異於一般教師，因此能啟迪後進
   (D) 「郯子之徒，其賢不及孔子」，謂郯子等人的學生不如孔子弟子優秀

13. 依據上文，最符合韓愈對「學習」看法的是：
   (A) 只要有心一定能聞道，學習永遠不嫌遲
   (B) 智愚之別會影響學習，故聞道有先有後
   (C) 學無止境，自少至長都應該精進地學習
   (D) 尊重專業，擇師學習不需計較身分年齡

14. 下列文句，與「惑而不從師，其為惑也終不解矣」同樣強調運用資源以追求成長的是：
   (A) 君子生非異也，善假於物也
   (B) 梓匠輪輿，能與人規矩，不能使人巧
   (C) 君子博學而日參省乎己，則知明而行無過
   (D) 日知其所亡，月無忘其所能，可謂好學也已矣

15-16 為題組

閱讀下文，回答 15-16 題。

　　在發現澳洲之前，舊世界的人相信所有的天鵝都是白的——這個想法其實沒有錯，因為它和實證現象完全吻合。但只要一隻黑天鵝，便足以讓一個基於白天鵝被看到千萬次所形成的認知失效。

　　出乎意料的黑天鵝事件，說明了人們從觀察或經驗所學到的事物往往有其侷限。人們無力預測黑天鵝事件，也顯示了人們無從預測歷史發展。但黑天鵝事件發生後，人們又會設法賦予它合理的解釋，好讓它成為是可預測的。因此，許多學說總在黑天鵝事件後出現。

　　雖然令人難以置信的黑天鵝事件經常衝擊現有的局勢，但我們如果願意反知識操作，或許可以從僥倖獲利。事實上，在某些領域——例如科學發現和創業投資，來自未知事件的報酬非常大。發明家和企業家往往注意雞毛蒜皮的小事，並在機會出現時認出機會。（改寫自 Nassim Nicholas Taleb《黑天鵝效應‧前言》）

15. 下列敘述，符合作者看法的是：

　　(A) 黑天鵝事件向來離奇，人類的經驗難以理解

　　(B) 留意細微徵兆，有助於防範黑天鵝事件發生

　　(C) 投資致富的關鍵，便是懂得避開黑天鵝事件

　　(D) 科學研究若出現黑天鵝事件，可能翻轉知識

16. 下列作品中人物始料未及之事，最接近黑天鵝事件的是：

　　(A)《三國演義》：曹操沒料到，赤壁在冬天會吹東南風

　　(B)《儒林外史》：胡屠戶沒料到，女婿范進能鄉試中舉

　　(C)〈燭之武退秦師〉：鄭伯沒料到，鄭國能倖免於秦晉聯軍

　　(D)〈馮諼客孟嘗君〉：孟嘗君沒料到，薛地百姓會夾道相迎

17-18 為題組

閱讀下列歷史人物遊戲說明書與五張牌卡，回答 17-18 題。

歷　史　人　物　遊　戲　說　明　書	
基本規則	①共有 99 張牌，牌號大者爲大（99＞98＞97＞96＞……＞2＞1）。 ②每一局，各家分到 11 張牌，最先將手中的牌出盡者爲冠軍。 ③局中各輪，下家皆須按上家的牌型出牌（每輪可出牌型如下）。手中無相同牌型可出者，該輪棄權；手中有相同牌型但不想出者，該輪也可棄權。 ④該輪勝出者（每輪決勝方式如下），取得下一輪的攻牌權。
每輪可出牌型	依照牌上詩句所吟詠的人物，可出以下牌型： 【出 1 張（X）】 【出 2 張（X＋Y）】：這 2 張牌所吟詠的人物，須是同一人。 【出 3 張（X＋Y＋Z）】：這 3 張牌所吟詠的人物，須是同一人。
每輪決勝方式	①各家按該輪牌型循序出牌，以出最大牌號的一家爲勝出。 ②若甲家所出的牌型，其他家皆棄權，則該輪由甲家勝出。

42
天亡非戰罪， 末路困英雄。 氣盡虞同死， 司晨笑沛公。

43
世間快意寧有此， 亭長還鄉作天子。 沛宮不樂復何爲， 諸母父兄知舊事。

66
今日歌大風， 明朝歌鴻鵠。 爲語戚夫人， 高皇是假哭。

98
七十衰翁兩鬢霜， 西來一笑火咸陽。 平生奇計無他事， 只勸鴻門殺漢王。

99
不修仁德合文明， 天道如何擬力爭。 隔岸故鄉歸不得， 十年空負拔山名。

17. 假設某局你的手中尚餘如上「42」、「43」、「66」、「98」、「99」五張
牌卡，下列組合，符合「可出牌型」的是：

(A) 42＋99　　(B) 66＋98　　(C) 42＋98＋99　　(D) 43＋66＋98

18. 假設在本輪時，你的<u>手中尚餘如上五張牌卡</u>，上一家以【出1張】
的牌型打出「55」這張牌，接著由你出牌。若你想取得此局冠軍，
下列預想的出牌策略，符合「正確、快速、穩妥」條件的是：

(A) ①本輪：先出 66，再出 98，再出 99，取得攻牌權；②末輪：
出 42＋43

(B) ①本輪：出 99，取得攻牌權；②末輪：先出 42，再出 43，再
出 66，再出 98

(C) ①本輪：出 98，取得攻牌權；②次輪：出 42＋99，取得攻牌
權；③末輪：出 43＋66

(D) ①本輪：出 99，取得攻牌權；②次輪：出 43＋66＋98，取得
攻牌權；③末輪：出 42

<u>19-20 為題組</u>

閱讀下文，回答 19-20 題。

　　煙絡橫林，山沉遠照，邐迤黃昏鐘鼓。燭映簾櫳，蛩催機杼，共
苦清秋風露。不眠思婦，齊應和，幾聲砧杵。驚動天涯倦宦，駸駸歲
華行暮。

　　當年酒狂自負，謂東君，以春相付。流浪征驂北道，客檣南浦。
幽恨無人晤語，賴明月曾知舊遊處。好伴雲來，還將夢去。(賀鑄〈天
香〉)

> 蛩：ㄑㄩㄥˊ，蟋蟀。
> 駸駸：ㄑㄧㄣ ㄑㄧㄣ，急速。
> 驂：ㄘㄢ，駕車時在兩側的馬，此處指車馬。

19. 關於本闋詞的敘述，正確的是：

(A) 通篇傳達孤老無依、大限將至的悲涼

(B) 上片描寫秋夜清冷蕭索和羈旅獨居的悲愁

(C) 下片慨歎己身生涯坎坷，自責愧對妻兒子女

(D) 以蛩聲、鐘鼓聲、砧杵聲寄寓對家事、國事、天下事的關懷

20. 關於本闋詞的理解，**不恰當**的是：

(A) 「煙絡橫林，山沉遠照，邐迤黃昏鐘鼓」為詞人遠眺所見所聞

(B) 「燭映簾櫳，蛩催機杼，共苦清秋風露」描繪詞人與思婦共感淒風寒露之苦

(C) 「流浪征驂北道，客檣南浦」對比「當年酒狂自負」，營造失落之感

(D) 「明月」象徵國君，「幽恨無人晤語」表達作者懷才不遇的感傷

21-24 為題組

閱讀下文，回答 21-24 題。

　　陶醉於田園的陶潛，是否曾為他決定隱居後悔過？是否有時候也想過另外一種生活？清代以降的批評家已開始質疑陶潛作為一個隱士的「單純性」──詩人龔自珍就把陶潛當成有經世抱負的豪傑之士，可與三國時代的諸葛亮相比擬：「陶潛酷似臥龍豪，萬古潯陽松菊高。莫信詩人竟平淡，二分梁甫一分騷。」很顯然，龔自珍並沒有把陶潛當作一個平淡的人。對龔氏及其同時代的人而言，陶潛代表了一個典型的知識分子，有出仕的凌雲之志卻扼腕而棄之──因為生不逢時。

　　其實早在唐代，詩人杜甫便已經對陶潛作為一個恬然自樂的隱士形象提出質疑。杜甫在其〈遣興〉一詩中說：「陶潛避俗翁，未必能達道。觀其著詩集，頗亦恨枯槁。」學者李華認為杜甫所要傳遞的訊

息是：「陶淵明雖然避俗，卻也未能免俗。何以知之？因爲從陶潛詩集來看，其中很有恨自己一生枯槁之意。」李華將杜甫詩中的「枯槁」解作「窮困潦倒」是很有理由的，因爲陶潛〈飲酒〉第十一首用了同一個詞來形容孔子得意門生顏回的窘迫：「顏生稱爲仁，榮公言有道。屢空不獲年，長飢至於老。雖留後世名，一生亦枯槁……」。我們自然可以聯想到當杜甫試圖揭開清貧隱士陶潛的面具時，實際上也是自我示現。浦起龍在評解杜甫〈遣興〉時，便指出：「嘲淵明，自嘲也。假一淵明爲本身象贊」。由此，也就解釋了爲什麼杜甫詩作中一再提到陶潛。而實際上，杜甫正是第一個將陶潛提升到文學經典地位的人。

　　然而在過去的數世紀內，批評家一直誤讀杜甫，或者可以說是對杜甫解讀陶潛的誤讀。由於批評家常將「枯槁」解作「風格上的平淡」，自然而然會認定杜甫以其〈遣興〉一詩來批評陶潛的詩風。這種誤解導致明代學者胡應麟在其《詩藪》中以爲「子美之不甚喜陶詩，而恨其枯槁也」。後來朱光潛也沿襲了胡應麟的說法。這一有趣的誤讀實例證實了：經典化的作者總是處於不斷變化的流程中，是讀者反饋的產物。（改寫自孫康宜〈揭開陶潛的面具〉）

> 梁甫：即〈梁甫吟〉，史載諸葛亮好爲此詩。

21. 下列敘述，符合文中龔自珍對陶潛看法的是：

　　(A) 陶潛一生固窮守節，爲傳統知識分子的典型

　　(B) 陶潛與屈原、諸葛亮相同，均懷有濟世之志

　　(C) 陶潛才德堪比諸葛亮，竟自甘於平淡，令人惋惜

　　(D) 陶詩風格平淡，實受〈梁甫吟〉、〈離騷〉影響

22. 作者認爲歷來批評家對杜甫〈遣興〉一詩，所產生的誤讀是：

　　(A) 以爲杜甫嘲諷陶潛猶未能達道

　　(B) 以爲杜甫批評陶潛的詩風枯槁

　　(C) 認爲杜甫質疑陶潛的隱士形象

　　(D) 認爲杜甫藉陶潛自嘲窮困潦倒

23. 依據上文，作者所**不認同**的前人論述是：

(A) 杜甫對陶潛詩的詮釋

(B) 龔自珍對陶潛的評論

(C) 浦起龍對杜詩的詮釋

(D) 胡應麟對杜甫的評論

24. 上文認為「經典化的作者，是讀者反饋的
產物」，圖像也是讀者反饋的一種形式。
甲、乙二圖皆以陶潛的歸隱生活為背景，
下列敘述，**最無法**從圖中獲悉的是：

(A) 甲圖藉「採菊東籬」、「見南山」表現
陶潛的閒適

(B) 乙圖用飢餓難耐、流眼淚顛覆陶潛清貧自守的形象

(C) 甲圖描繪陶潛功成不居，乙圖則描繪陶潛樂極生悲

(D) 對陶潛形象的詮釋，甲圖重精神面，乙圖重物質面

25-26 為題組

閱讀下文，回答 25-26 題。

　　東坡在黃州與蜀客陳季常為友，不過登山玩水、飲酒賦詩，軍務
民情，秋毫無涉。光陰迅速，將及一載。時當重九之後，連日大風。
一日風息，東坡兀坐書齋，忽想：「定惠院長老曾送我黃菊數種，栽
於後園，今日何不去賞玩一番？」足猶未動，恰好陳季常相訪。東坡
大喜，便拉陳慥同往後園看菊。到得菊花棚下，只見滿地鋪金，枝上
全無一朵，嚇得東坡目瞪口呆。陳慥問道：「子瞻見菊花落瓣，緣何
如此驚詫？」東坡道：「季常有所不知。平常見此花只是焦乾枯爛，
並不落瓣，去歲在王荊公府中，見他〈詠菊〉詩二句道：『西風昨夜

過園林，吹落黃花滿地金。』小弟只道此老錯誤了，續詩二句道：『秋花不比春花落，說與詩人仔細吟。』卻不知黃州菊花果然落瓣！此老左遷小弟到黃州，原來使我看菊花也。」陳慥笑道：「古人說得好：廣知世事休開口，縱會人前只點頭。假若連頭俱不點，一生無惱亦無愁。」東坡道：「小弟初然被謫，只道荊公恨我摘其短處，公報私仇。誰知他倒不錯，我倒錯了。真知灼見者，尚且有誤，何況其他！吾輩切記，不可輕易說人笑人，正所謂 ＿＿＿＿＿＿＿ 耳。」(改寫自《警世通言・王安石三難蘇學士》)

25. 依據上文，關於東坡在黃州的情況，敘述正確的是：

(A) 時就陳慥共議軍務民情　　　(B) 季常贈菊數種以供賞玩

(C) 驚見定惠院中菊瓣遍地　　　(D) 領會荊公詠菊所言不虛

26. 依據上文，最適合填入 ＿＿＿＿＿＿＿ 內的是：

(A) 經一失長一智

(B) 人不可以貌相

(C) 五十步笑百步

(D) 聰明被聰明誤

27-30 為題組

閱讀下列甲、乙二文，回答 27-30 題。

> 利未亞州：非洲。
> 厄日多：埃及。
> 喇加多：鱷魚。

甲

　　利未亞州東北厄日多國　魚，名喇加多，約三丈餘。長尾，堅鱗甲，刀箭不能入。足有利爪，鋸牙滿口，性甚獰惡。色黃，口無舌，唯用上齶食物。入水食魚，登陸每吐涎于地，人畜踐之即仆，因就食之。見人遠則哭，近則噬。冬月則不食物，睡時嘗張口吐氣。(南懷仁《坤輿圖說》)

乙

　　莎士比亞的戲劇說:「那公爵如淌著眼淚的鱷魚,把善心的路人騙到嘴裡。」鱷魚眼睛所分泌的液體,有科學家曾經認為應是用來排出身體多餘的鹽分。許多生活在海裡的爬行動物,因為腎功能不如海生哺乳動物,故以鹽腺來恆定喝入海水後的體內離子。例如海龜的鹽腺位於淚腺中,海龜看似流眼淚,其實是讓鹽分藉此排出。海鬣蜥的鹽腺位在鼻腺中,牠們會從鼻孔排出結晶狀的鹽分。海蛇的鹽腺則在後舌下腺中。總之,鹽腺的位置是個別演化的,但功能相似。

　　目前已無生活於海中的鱷魚,但有些鱷魚仍棲息於河口或淺海。科學家後來發現,牠們的舌頭表面會流出清澈的液體,進而懷疑這才是鹽腺的分泌物。經過蒐集分析,果然其含鹽量比眼睛分泌物來得高。例如亞洲的鹹水鱷與美洲的美洲鱷,鹽腺都位在舌下腺中,牠們舌頭表面的孔洞會分泌出高鹽分的液體。至於同一屬的淡水表親,如澳洲淡水鱷,也有結構相同的舌下鹽腺,但效能就略遜一籌;同一科的西非狹吻鱷和西非矮鱷,情況也大致類似。但生活於淡水地區的短吻鱷科鱷魚,例如美洲短吻鱷和眼鏡凱門鱷,舌頭的孔洞都極小,前者的排鹽效率奇差,後者則完全不會排出鹽分。

　　鱷魚通常在陸地待了一段時間後,位於瞬膜的哈氏腺便會分泌鹹液潤滑眼睛。瞬膜是一層透明的眼瞼,除了滋潤眼睛外,當鱷魚潛入水中,閉上瞬膜,既能保護眼睛,又能看清水下情況。另有實驗發現,有些鱷魚會邊進食邊流淚,甚至眼睛冒出泡沫,推測可能是咬合時壓迫鼻竇的生理反應。(改寫自國家地理雜誌中文網)

27. 下列關於甲文敘寫「喇加多」的分析,**錯誤**的是:

　　(A) 先談外形,再寫習性;習性再分「獵食」、「避敵」兩線敘寫

　　(B) 以「利爪」、「鋸牙」襯托「獰惡」,以「刀箭不能入」強化「堅鱗甲」特徵

　　(C) 以「入水」、「登陸」的活動範圍,描述其生活特性,也寫獵食對象甚廣

　　(D) 藉「吐涎於地」和「遠則哭,近則噬」二事揭露其獵食技倆

28. 甲文「人畜踐之即仆」的鱷魚涎液，若依乙文的看法，最可能的分泌來源是：

(A) 哈氏腺　　(B) 舌下腺　　(C) 淚腺　　(D) 鼻腺

29. 甲文謂鱷魚「見人遠則哭」，若依乙文的看法，其主要原因應是：

(A) 引誘獵物　　(B) 排除鹽分　　(C) 哀傷憐憫　　(D) 潤滑眼睛

30. 乙文第二段列舉數種鱷魚，最主要是為了說明：

(A) 不同棲息地的鱷魚，鹽腺的效能也隨之有別

(B) 不同種類的鱷魚，鹽腺所在的位置也不相同

(C) 鱷魚鹽腺的位置，會隨棲地鹽分多寡而改變

(D) 鱷魚鹽腺的退化，係經過長時間的演化歷程

31-32 為題組

閱讀下文，回答 31-32 題。

　　惠子謂莊子曰：「人故无情乎？」莊子曰：「然。」惠子曰：「人而无情，何以謂之人？」莊子曰：「道與之貌，天與之形，惡得不謂之人？」惠子曰：「既謂之人，惡得无情？」莊子曰：「是非吾所謂情也。吾所謂无情者，言人之不以好惡內傷其身，常因自然而不益生也。」（《莊子・德充符》）

> 无：同「無」。

31. 下列敘述，符合惠子、莊子二人對有情無情看法的是：

(A) 惠子：人的形貌乃根源於無情

(B) 惠子：人既可無情亦可以有情

(C) 莊子：不因情傷天性是謂無情

(D) 莊子：順自然而無情不利養生

32. 下列文句中的「與」，和上文「道與之貌」的「與」意思相同的是：
(A) 選賢「與」能，講信修睦
(B) 可「與」言而不與之言，失人
(C) 人知之者，其謂「與」埳井之蛙何異
(D) 既以為人，己愈有；既以「與」人，己愈多

33-34 為題組

閱讀下文，回答 33-34 題。

　　春陵俗不種菊，前時自遠致之，植於前庭牆下。及再來也，菊已無矣。徘徊舊圃，嗟嘆久之。誰不知菊也，芳華可賞，在藥品是良藥，為蔬菜是佳蔬。縱須地趨走，猶宜徙植修養，而忍踐踏至盡，不愛惜乎！於戲！賢士君子自植其身，不可不慎擇所處。一旦遭人不愛重如此菊也，悲傷奈何！於是更為之圃，重畦植之。其地近宴息之堂，吏人不此奔走；近登望之亭，旌旄不此行列。縱參歌妓，菊非可惡之草；使有酒徒，菊為助興之物。為之作記，以託後人；並錄藥經，列於記後。(元結〈菊圃記〉)

> 於戲：同「嗚呼」。

33. 菊花在「前庭牆下」消失的原因，敘述最適當的是：
(A) 菊花不如良藥、佳蔬用途廣大，因此遭眾人鄙薄厭棄
(B) 菊花係遠方品種，移植春陵而不服水土，致枯萎凋零
(C) 菊花栽植於人來人往之處，被踩踏蹂躪，因而凋枯萎謝
(D) 菊花形貌樸素，雖非可惡之草，但不受人喜愛而遭棄養

34. 作者藉種植菊花而感悟處世之理，下列敘述最適當的是：
(A) 立身處世應具良禽擇木而棲的智慧
(B) 順境僅成就平凡而逆境可造就不凡
(C) 具備多元能力，可在競爭時代勝出
(D) 正直友可礪品格，酒肉交將招災禍

二、多選題（占 32 分）

說明：第 35 題至第 42 題，每題有 5 個選項，其中至少有一個是正確
　　　的選項，請將正確選項畫記在答案卡之「選擇題答案區」。各
　　　題之選項獨立判定，所有選項均答對者，得 4 分；答錯 1 個選
　　　項者，得 2.4 分；答錯 2 個選項者，得 0.8 分；答錯多於 2 個選
　　　項或所有選項均未作答者，該題以零分計算。

35. 下列文句「」內的詞，屬於謙詞用法的是：
    (A) 一心抱「區區」，懼君不識察
    (B) 鄰國之民不加少，「寡人」之民不加多，何也
    (C) 「愚」以為營中之事，悉以咨之，必能使行陣和睦
    (D) 中也養不中，才也養「不才」，故人樂有賢父兄也
    (E) 「余」出官二年，恬然自安，感斯人言，是夕始覺有遷謫意

36. 下列各組文句「」內的詞，前後意義相同的是：
    (A) 仁者播其惠，「信」者效其忠／足以極視聽之娛，「信」可樂也
    (B) 以此伏「事」公卿，無不寵愛／遂散六國之從，使之西面「事」
        秦
    (C) 工之僑以歸，「謀」諸漆工，作斷紋焉／持五十金，涕泣「謀」
        於禁卒，卒感焉
    (D) 虎嘯風生，龍吟雲萃，「固」非偶然也／道士笑曰：我「固」謂
        不能作苦，今果然
    (E) 常人貴遠賤近，「向」聲背實／始悟「向」之倒峽崩崖，轟耳不
        輟者，是硫穴沸聲也

37. 下列文句畫底線處的詞語，運用恰當的是：
    (A) 獨特的室內空間規劃，必然能夠讓您的居室<u>蓬蓽生輝</u>

(B) 這次推出的新產品<u>不慍不火</u>，銷售未能達到預期目標

(C) 他的文章一氣呵成，<u>文不加點</u>，旁人難再有置喙餘地

(D) 低價促銷策略奏效，讓賣場天天<u>魚游沸鼎</u>，收入可觀

(E) 老張談吐幽默，往往讓同場聽者<u>忍俊不禁</u>，讚嘆不已

38. 「咬死了獵人的狗」是個歧義句，如右所示，是因為語法結構關係不同而造成了語義差異。下列文句，屬於此種歧義句的是：

(A) 他沒有做不好的事情

(B) 他知道這件事不要緊

(C) 小明借來的字典沒用

(D) 王同學是轉學生，很多人不認識他

> ● 〔咬死了獵人／的／狗〕意謂：
> 「有隻狗咬死了獵人」。
> ● 〔咬死了／獵人的狗〕意謂：
> 「某動物咬死了獵人所養的狗」。

(E) 陳老師和李老師的學生，來自不同學校

39. 關於下列甲、乙二詩的解讀，正確的是：

甲、獨有宦遊人，偏驚物候新。雲霞出海曙，梅柳渡江春。
淑氣催黃鳥，晴光轉綠蘋。忽聞歌古調，歸思欲霑巾。

（杜審言〈和晉陵陸丞早春遊望〉）

乙、城闕輔三秦，風煙望五津。與君離別意，同是宦遊人。
海內存知己，天涯若比鄰。
無為在歧路，兒女共霑巾。

> 三秦：陝西關中一帶。
> 五津：岷江中五個渡口。

（王勃〈送杜少府之任蜀州〉）

(A) 甲詩藉由「淑氣催黃鳥，晴光轉綠蘋」，點出詩題的「早春」

(B) 乙詩藉由「城闕輔三秦，風煙望五津」，照應詩題的地理空間

(C) 二詩題材不盡相同，甲詩側重自然景物，乙詩則偏向人生際遇

(D) 二詩作者均因長期在外宦遊，故離愁別緒觸景而生，哀傷難抑

(E) 二詩皆以思鄉作結，且均藉「霑巾」抒寫遊子落葉歸根的期望

40. 下列詩句所歌詠的對象，正確的是：

(A) 去來固無跡，動息如有情。日落山水靜，為君起松聲——雨

(B) 不是人間種，移從月窟來。廣寒香一點，吹得滿山開——桂

(C) 春紅始謝又秋紅，息國亡來入楚宮。應是蜀冤啼不盡，更憑顏色訴西風——楓

(D) 史氏只應歸道直，江淹何獨偶靈通。班超握管不成事，投擲翻從萬里戎——筆

(E) 千形萬象竟還空，映水藏山片復重。無限旱苗枯欲盡，悠悠閒處作奇峰——雲

41. 下列對古典文學的體制或發展，敘述正確的是：

(A) 《詩經》分風、雅、頌三種文體，句子大致整齊，以四言為主；《楚辭》多寫楚地風物，句子多參差不齊

(B) 五言古詩產生於漢代，句數不拘，亦不刻意求對仗，平仄、用韻皆較近體詩自由

(C) 古文經中唐韓愈、柳宗元大力提倡與實踐，風行一時，至晚唐、五代式微，復於北宋歐陽脩再興

(D) 晚明小品題材趨於生活化，反映文人特有的生命情調和審美趣味，歸有光、袁宏道為代表作家

(E) 《儒林外史》、《紅樓夢》、《聊齋誌異》皆為章回小說，對八股取士的科舉制度均有所批判

42. 文章敘寫感懷時，感懷者有時一方面看著眼前的人，一方面回想起此人的過往。下列文句，使用此種「今昔疊合」手法的是：

(A) 他喝完酒，便又在旁人的說笑聲中，坐著用這手慢慢走去了。自此以後，又長久沒有看見孔乙己。到了年關，掌櫃取下粉板說，「孔乙己還欠十九個錢呢！」到第二年的端午，又說「孔乙

己還欠十九個錢呢！」到中秋可是沒有說，再到年關也沒有看見他

(B) 經他妻子幾次的催促，他總沒有聽見似的，心裡只在想，總覺有一種不明瞭的悲哀，只不住漏出幾聲的嘆息，「人不像個人，畜生，誰願意做？這是什麼世間？活著倒不若死了快樂。」他喃喃地獨語著，忽又回憶到母親死時，快樂的容貌。他已懷抱著最後的覺悟

(C) 這麼多年了，我已經習慣於午夜就寢以前想她，坐在燈前，對著書籍或文稿，忽然就想到病了的母親。對著那些平時作息不可或無的書稿之類的東西，忽然看不見那些東西了，眼前只剩一片迷茫，好像是空虛，母親的面容和聲音向我呈現，寧靜超然，沒有特別什麼樣的表情，那麼沉著，安詳

(D) 來臺灣以後，姨娘已成了我唯一的親人，我們住在一起有好幾年。在日式房屋的長廊裡，我看她坐在玻璃窗邊梳頭，她不時用拳頭捶著肩膀說：「手痠得很，真是老了。」老了，她也老了。當年如雲的青絲，如今也漸漸落去，只剩了一小把，且已夾有絲絲白髮。想起在杭州時，她和母親背對著背梳頭，彼此不交一語的仇視日子，轉眼都成過去

(E) 金發伯站在稍遠的地方，木然地看著他們，他抽著菸，始終不發一語。天色漸自黯了，僅剩的那一點餘光照在他佝僂的身上，竟意外地顯出他的單薄來。秀潔從人與人之間的縫隙裡望過去，看到紙菸上那一點火光在他臉上一閃一滅，一閃一滅，那蒼老憂鬱而頹喪的神情便一下子鮮明起來，不由得想起以前教戲給她時的威嚴自信的臉色，兩相對照之下，使她內心悸動不已，便禁聲了

107年度學科能力測驗國文科試題詳解

一、單選題

1. **C**

【解析】 (A) ㄕㄢ／ㄕㄣˋ　　　(B) ㄅㄧㄝˊ／ㄓˋ

　　　　 (C) ㄔㄨˋ　　　　　　(D) ㄑㄧㄤˊ／ㄙㄜˋ

2. **B**

【解析】 (A) 慢不經心 → 漫不經心

　　　　 (C) 響譽國際 → 享譽國際

　　　　 (D) 慘不忍堵 → 慘不忍睹

3. **C**

【解析】 （甲）由「洩漏」可知應為「祕密」。

　　　　 （乙）由「舌頭」可知應為「舔」。

　　　　 （丙）由「吸塵器」可知應為「吞沒」。

　　　　 （丁）以「彈珠」喻雨滴擊打傘面，故應為「丟擲」。

4. **B**

【解析】 「唐自懿、僖以後，人才日削」，言唐朝從唐懿宗、唐
僖宗後，人才日漸減少，每下愈況，所以「至於五代，
可謂□□□□」應為「空國無人」，指「舉國沒有人
才」。「元明二代，於學術蓋無可言，至於詩文，亦不
能出唐宋範圍，然書畫大家□□□□」，「然」是轉折，
後文與前面學術、詩文方面沒有成就相反，再加上前

面「天下人才有定量，不出於此則出於彼」，可知指書畫大家人才送出，故應選「接武而起」（接武：腳步跟著腳步。此指書畫人才接續出現）

5. **B**

【解析】 前文寫人群在雨中過馬路的景況，選項為雨中搭上計程車的困難。故「一大波傘海會像激流般沖往對岸」後接 (乙)「留在路旁的是有增無減的等車的人」，偶有空車來後，人群湧上，能抓住車門，上得了車的人是少數，可說幸運。故為 (戊)(丙)(甲)(丁)。

6. **D**

【解析】 應為「由低至高」依序為 1 至 5 級。

7. **D**

【解析】 從「在下月發薪之前，無論如何，我們仍然要保持大國民的態度，對蚊子絕不排斥」，可知作者幽默自嘲因貧窮無法立刻買蚊帳，而須忍受蚊子騷擾之苦。

8. **B**

【解析】 (A) 應是「不將西方理論硬套在本土現實上」。

(B) 「言之有物，但不能是他人之物」：能針對作品闡述己見；「不必過分旁徵博引，穿鑿附會」、「遣詞用字，生動自然」：不刻意逞詞炫學。

(C) 以比喻增加文采，使文章靈活可喜。

(D) 評論宜在「知性之中流露感性」，並非以感性為尚。

9. **C**

【解析】「頹然坐在浩瀚的史書之前，忽然覺悟所謂事實不都是解釋出來的？」而引發對於解釋之事實「是否值得信賴」、「是否只是想像的延伸」的一連串思考，「無窮無盡」，故而「對於歷史書寫，越來越覺得恐懼」。

10. **C**

【解析】蜀雞在猛禽「晨風」飛過時，立刻翼護小雞，晨風因此捉不到小雞；然而對於「烏」與小雞共同啄食，卻把牠當同類看，沒有戒心，使烏成功抓走小雞。故選「福生於畏，禍起於忽」（福生於畏懼戒慎，禍起於輕忽怠慢）。

(A) 比喻眼光短淺，只貪圖眼前利益而不顧後患。

(B) 比喻天下平定之後便遺棄甚或殺戮功臣。

(D) 比喻雖然先在某一方面有損失，但終在另一方面有成就。

11. **C**

【解析】(甲) 贊同的是「古者以天下為主，君為客」，故為儒家。

(乙) 注重法治、制度，使民「喜農而樂戰」，有助於富國強兵，故為法家。

(丙) 有非攻、兼愛思想、「天鬼人」之觀念，故為墨家。

<u>12-14 為題組</u>

12. **A**

【解析】(A) 由「惑而不從師，其為惑也終不解矣」可知。

(B) 意指學習的重點在於道之有無，不必管對方年紀比我大或小。

(C) 意指聖人沒有固定的學習對象，而是多方學習。

(D) 意指郯子等人雖不如孔子賢能，但孔子仍向他們
學習。

13. **D**

【解析】 (A) 韓愈談「從師問學」的重要，未提及「學習永不
嫌遲」。

(B) 未提及「智愚之別」對學習的影響。

(C) 未提及「自少至長都應該精進地學習」。

(D) 由「道之所存，師之所存」可知。

14. **A**

【解析】 君子天資和眾人並無不同，但他「善假於物」——即
善於借助外物之力以成就自己，符合「運用資源以追
求成長」。

15-16 為題組

15. **D**

【解析】 (A) 是人類經驗中未曾出現過。

(B) 留意細微徵兆是為了認出並把握機會，非為防範。

(C) 應是把握機會。

(D) 由「只要一隻黑天鵝，便足以讓一個基於白天鵝被
看到千萬次所形成的認知失敗」可知。

16. **A**

【解析】 黑天鵝事件是不符合過往客觀觀察經驗而造成認知顛
覆的事件，故選 (A)。

17-18 為題組

17. **A**

【解析】 42 由「末路困英雄」、「氣盡虞同死」可知為項羽
（「虞」指的是橫劍自刎的項羽姬妾——虞姬）。

43 由「亭長還鄉作天子」、「沛宮不樂復何為」可知為
漢高祖劉邦（劉邦在家鄉沛縣當過泗水亭長。稱帝
後曾回鄉，在沛縣的住處與鄉親歡宴）。

66 由「大風歌」、「戚夫人」、「高皇」可知為劉邦。
（漢高祖想改立戚夫人之子趙王如意為太子，張良
為呂后謀畫，請出四位德高望重的隱者輔佐太子，
使得高祖打消易儲的念頭，並唱出「鴻鵠歌」，意
指太子羽翼已成，地位難以動搖。）

98 由「平生奇計無他事，只勸鴻門殺漢王」可知為項
羽謀士范增。

99 由「隔岸故鄉歸不得，十年空負拔山名」可知為項
羽（項羽自刎於烏江畔，渡江即為故鄉江東。
「拔山」即項羽〈垓下歌〉中：「力拔山兮氣蓋
世」，言項羽力強志遠）。

「可出牌型」必須吟詠的人物是同一人，故選 (A)。

18. **C**

【解析】 根據規則：牌號大者為大，出最大號的一家勝出。
則：單張 55 後出 98 范增，便可取得攻牌權。接著出
組牌，99＋42＞66＋43，故先出 99＋42，應可取得攻
牌權，再出餘牌 66＋43。

19-20為題組

【語譯】 煙霧籠罩樹林，夕陽西沉於遠山，黃昏時的鐘鼓聲不斷傳來。燭火映照在窗簾上，夜裡傳來蟋蟀的叫聲，我們都在清冷的秋風露水中憂愁著。不成眠的思婦，擣衣的聲音，應和著蟲鳴，驚動了我這宦遊異鄉的倦客，年華易逝，又到一年歲暮的時候。當年我以酒狂自負，以為春神將美好的春景交付給我。沒想到後來南北漂泊。深藏於心之怨無法向人傾訴，只能依靠曾知我舊遊處的明月，伴著雲來，夢中重遊。

19. **B**

【解析】 (A) 這闋詞寫的是宦遊他鄉的羈旅之思。

(C) 未提到妻兒子女。

(D) 蛩聲、鐘鼓聲、砧杵聲引發思鄉愁緒。

20. **D**

【解析】 (D) 由「賴明月曾知舊遊處」可知「明月」是與過去美好歲月的連結。

21-24為題組

21. **B**

【解析】 由第一段「龔自珍把陶潛當成有經世抱負的豪傑之士……」可知。

22. **B**

【解析】 由第三段「批評家一直誤讀杜甫對陶潛的批評，以為枯槁是風格上的平淡」可知。

23. **D**

　　【解析】　由第二段末「而實際上杜甫正是第一個將陶潛提升到
　　　　　　　文學經典地位的人」與第三段「這種誤解導致明代學
　　　　　　　者胡應麟在其《詩藪》中以爲『子美之不甚喜陶詩，
　　　　　　　而恨其枯槁也。』」可知。

24. **C**

　　【解析】　（甲）可看出隱居，看不出功成不居。
　　　　　　　（乙）和「樂極生悲」無關。

<u>25-26為題組</u>

25. **D**

　　【解析】　(A) 由「不過登山玩水、飲酒賦詩，軍務民情，秋毫
　　　　　　　　　無涉」可知爲誤。
　　　　　　　(B) 菊爲定惠院長老所送。
　　　　　　　(C) 菊種於蘇宅後園。

26. **A**

　　【解析】　蘇東坡原以爲菊花不會落瓣，經過這次經驗才知道以
　　　　　　　前的認知是錯誤的，也誤會了王荊公（王安石），而得
　　　　　　　到「眞知灼見者，尙且有誤，何況其他！吾輩切記，
　　　　　　　不可輕易說人笑人」的體悟，故選 (A)。

<u>27-30為題組</u>

27. **A**

　　【解析】　(A) 未談到「避敵」。

28. **B**

【解析】 由（甲）「登陸每吐涎於地，人畜踐之即仆」與（乙）
第二段「牠們的舌頭表面會流出清澈的液體」、「鹽腺
都位在舌下腺中」可知。

29. **D**

【解析】 由（乙）第三段「鱷魚通常在陸地待了一段時間後，
位於瞬膜的哈氏腺便會分泌鹹液潤滑眼睛」可知。

30. **A**

【解析】 （乙）第二段可整理如下，故選 (A)。

不同棲息地的鱷魚	鹽腺效能
亞洲的鹹水鱷與美洲的美洲鱷	分泌高鹽分的液體
澳洲淡水鱷	排鹽效能略遜上者一籌
西非狹吻鱷、西非矮鱷	
美洲短吻鱷（生活於淡水地區）	排鹽效率差
眼鏡凱門鱷（生活於淡水地區）	完全不排鹽

(B) 皆在舌下腺。

(C) 改變的是效能，不是位置。

(D) 未提到鹽腺退化。

31-32為題組

31. **C**

【解析】 (A)(B) 惠子認為人若無情就不能稱為人──人必有情。

(C) 由「莊子曰：『……。吾所謂 情者，言人之不以
好惡內傷其身，……』」可知。

(D) 「常因自然而不益生也」指的是因順自然，不刻意
養生。

32. **D**

【解析】 「道與之貌」和(D)「既以與人」的「與」是「給」的意思。(A) 推舉、選拔。(B)(C) 和。

33-24為題組

33. **C**

【解析】 由「縱須地趨走，猶宜徙植修養，而忍蹂踐至盡」，可知菊花種在前庭牆下，人來人往趨走之處，遭到蹂踏蹂躪而消失。

34. **A**

【解析】 由「賢士君子自植其身，不可不愼擇所處」可知選 (A)。

二、多選題

35. **BC**

【解析】 (A) 忠誠、愛戀。

(B) 古代國君自稱的謙詞。

(C) 我，自稱謙詞。

(D) 「不才」雖也可作爲自稱謙詞，但此處是與前文之「才」對舉，故應解釋爲「不成材的人」。

(E) 我，非謙詞。

36. **BCD**

【解析】 (A) 誠實不欺／確實、的確。

(B) 侍奉。　　　(C) 商議。

(D) 本來、原來。　　(E) 崇尚／之前。

37. **CE**

【解析】(A) 形容貴客來訪令主人感到增光不少。

(B) 不怨恨，不動怒。

(C) 形容文思敏捷、下筆成章，通篇無所塗改。

(D) 處於危險的情境，情勢危急。

(E) 忍不住地笑了。

38. **ABE**

【解析】(A) 他沒有做／不好的事情；他沒有／做不好的事情。

(B) 他知道這件事／不要緊；他知道／這件事不要緊。

(C) 「小明借來的字典沒用」可解為「沒有用」或「沒用到」，這是同詞歧義，並非因語法結構不同而造成的語義差異。

(E) 陳老師／和／李老師的學生，來自不同學校；陳老師和李老師的學生，來自不同學校。

39. **ABC**

【語譯】(甲) 宦遊在外的人，對於外物與氣候的轉化、更新特別敏感。海上雲霞絢爛，旭日即將升起；江南梅紅柳綠已是一派春色。和暖的春氣催促黃鶯啼叫，晴朗的日光下綠蘋顏色轉深。忽然聽到唱著古調的聲音，讓我起了歸思，不禁落淚。

(乙) 三秦護衛著長安城，在風煙瀰漫中遠望蜀州。和你離別依依不捨，我們同是宦遊在外的人。但只要世上還有你這個知己，即使分處天涯也像近在比鄰。因此我們就不要在分別的路上，像小兒女一樣因離別而難過哭泣了。

【解析】 (D) （甲）之哀傷是因為思鄉；

（乙）則寬慰友人，不需在離別時悲傷。

(E) （乙）詩以寬慰友人，不需為離別悲傷作結。

40. **BDE**

【解析】 (A) 由「去來固無跡」和「為君起松聲」可知是詠風。

(B) 由月、廣寒宮可知是桂（相傳月中有桂樹）。

(C) 由「應是蜀冤啼不盡」可知是杜鵑花。相傳蜀君杜宇死後化為杜鵑鳥，啼血滴落，染紅杜鵑花。

(D) 用「史筆」、「江淹夢得五色筆」、「班超投筆從戎」等典故，故知是詠筆。

(E) 此詩詠雲。

語譯：千變萬化又歸於虛空，映照在水面上或藏於山中；或一片片，或重重疊疊。旱苗快要枯死，渴望天降甘霖，而天上的雲仍悠悠閒閒地幻化出奇峰的樣貌（末句用陶淵明「夏雲多奇峰」典故）。

41. **ABC**

【解析】 (D) 歸有光是明代古文大家。

(E) 《聊齋誌異》為短篇文言小說集。

42. **DE**

【解析】 選項須是「看著眼前的人而想起此人的過往」。

(A) 未看到孔乙己。

(B) 未看到母親，而想起母親。

(C) 未看到母親，而想起母親。

107 年大學入學學科能力測驗試題
國語文寫作能力測驗

非選擇題（共二大題，占 50 分）

說明：本部分共有二題，請依各題指示作答，答案必須寫在「答案卷」上。第一題限作答於答案卷「正面」，第二題限作答於答案卷「背面」。作答務必使用筆尖較粗之黑色墨水的筆書寫，且不得使用鉛筆。

一、

　　自從有了電腦、智慧型手機及網路搜尋引擎之後，資訊科技的發展改變了人類大腦處理資訊的方式。我們可能儲存了大量的資訊，卻來不及閱讀，也不再費力記憶周遭事物和相關知識，因為只要輕鬆點一下滑鼠、滑一下手機，資訊就傳到我們面前。

　　2011 年美國三位大學教授作了一系列實驗，研究結果發表於《科學》雜誌。其中一個實驗的參與者共有 32 位，實驗過程中要求每位參與者閱讀 30 則陳述，再自行將這 30 則陳述輸入電腦，隨機儲存在電腦裡 6 個已命名的資料夾，實驗中沒有提醒參與者要記憶檔案儲存位置（資料夾名稱）。接著要求參與者在 10 分鐘內寫出所記得的 30 則陳述內容，然後再進一步詢問參與者各則陳述儲存的位置（資料夾名稱）。實驗結果如圖 1：

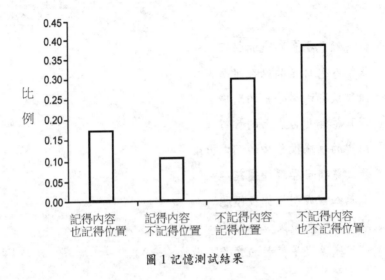

圖 1 記憶測試結果

請分項回答以下問題。

問題（一）：有甲生根據上述的實驗結果主張：「人們比較會記得資訊的儲存位置，而比較不會記得資訊的內容。」請根據上圖，說明甲生為何如此主張。文長限 80 字以內（至多 4 行）。（占 4 分）

問題（二）：二十一世紀資訊量以驚人的速度暴增，有人認為網路資訊易於取得，會使記憶力與思考力衰退，不利於認知學習；也有人視網際網路為人類的外接大腦記憶體，意味著我們無須記憶大量知識，而可以專注在更重要、更有創造力的事物上。對於以上兩種不同的觀點，請提出你個人的看法，文長限 400 字以內（至多 19 行）。（占 21 分）

二、

> 你在傾聽小魚濽濽的聲音
> 張望春來日光閃爍在河面
> 微風吹過兩岸垂垂的新柳
> 野草莓翻越古岩上的舊苔
> 快樂的蜥蜴從蟄居的洞穴出來
> 看美麗新世界野煙靄靄——
> 在無知裡成型。你在傾聽
> 聽見自己微微哭泣的聲音
> 一片樹葉提早轉黃的聲音（楊牧〈天〉）

請閱讀上列詩作，分項回答以下問題。

問題（一）：詩中有聲音的傾聽，有視覺的張望，也有快樂與哭泣。作者描寫春天的美麗新世界，但詩題為何命名為〈天〉？請從詩句中的感官知覺與情感轉變加以說明。文長限 120 字以內（至多 6 行）。（占 7 分）

問題（二）：普魯斯特（Proust, M.）在《追憶逝水年華》中說：「一小時不僅僅是一個小時，它是一只充滿香氣、聲響、念頭和氛圍的花缽」，說明時間的認知與感官知覺及感受有關。楊牧的〈天〉透過感官描寫，傳達季節的感知，請以「季節的感思」為題，寫一篇文章，描寫你對季節的感知經驗，並抒發心中的感受與領會。（占 18 分）

107年度學科能力測驗國語文寫作能力測驗

非選擇題（共二大題，占 50 分）

一、

（一）

記得資訊內容之比例約為 $0.17 + 0.1 = 0.27$，而記得資訊儲存位置之比例約為 $0.17 + 0.3 = 0.47$，後者高於前者。或者由只記得一項來比較，記得位置者比記得內容者約多了 0.2，故甲生如此主張。

（二）

　　記憶是手段不是目的，要有效利用資訊更需要思考力；創造力不會無中生有，擁有知識架構才能傳承前人成就，聯結社會需求。

　　在資訊爆炸的時代，資訊有如滾滾洪流沖向你我，這股巨流對我們既有載舟之利，亦可能帶來覆舟之禍。若錯把記憶當處理資訊的目的，面對此洪流，只會身心俱疲，無所適從；若以為大部分記憶都可「外接」——你可看過醫生診察一般疾病時，邊問診邊查閱醫典？而廚師邊做菜邊看烹飪視頻教學？若無該有的知識架構，面對此洪流以為可以左右逢源，事實上只會左右皆空。創造力在沒有記憶做基礎的知識架構上，就像沙堆上的建築，不堪一擊。

　　因此，我認為面對資訊暴增，我們應善用記憶建立應有的知識架構，應有處理資訊、判別真偽的思考能力，才能選擇出什麼是更重要的，並在其上發揮創造力！

二、

（一）

　　聽到小魚騰躍激起的水花聲，看到水光粼粼、柳抽新條、野草莓生長著、蜥蜴不再蟄居——在萬物欣欣向榮，充滿光明與萌發的生機時，「你」卻已提早轉黃。相對於他們似無所知，彷彿青春不會流逝，「你」卻即將凋零早夭。感嘆這生命的早衰將逝，故以「夭」為題。

（二）季節的感思

　　今年冬天怎麼這麼冷／不冷？

　　冬天最叫人矛盾。夏天沒有不熱的，春、秋在漸層中沒有定論。然而冬天，冷了叫人哆嗦難受，不冷又叫人失望——大衣、圍巾無用武之地，不搓手呵氣怎麼是冬天？

　　在想把自己裹起來冬眠時，一簇一簇的火又燒起來：街上出現各式各樣的紅色物品，耳邊響起一樣高亢興奮的曲調；各種媒體為舊的一年盤點，廣告單上預售新一年的菜色。「過年」，彷彿是得以度過寒冬的信仰，只要準備好豐盛佳餚，打理好華麗新裝，洗整居家環境——一切準備就緒，你就得到應諾：寒冬過去，美好的春天要來了！然後在那一天，闔家鄭重其事，祭告祖先神靈用享，呼喚親族家人圍爐，最好那是凜冽的一夜，在眾人合作下，火光煙硝薰染耳目，也驅走了冬，大地節氣轉換，富含生機的東君重掌大地，眾人又迎回了期盼，新的輪迴開始。

　　所以怎麼能不冷？不冷如何讓人期盼春的到來？

　　然而，冬走了，寒冷便過去了嗎？

　　亦非如此。往往春寒料峭，刺骨猶甚，但此時人們心中篤定：「這春來一天有一天的消息」，便能從容地等待春暖花開時。

　　人類在多少年來，掌握了四時運行的規律，面對變化不驚惶，還能細品其中枝節，創造節慶文化，因為一切是可預知的。若我們面對的是毫無章法的環境，不辨底細的對手，豈不終日惶惶，朝不及夕？厭倦規律與規則的你，應知這是祝福而非詛咒啊！

【附錄】

107 年度學科能力測驗
英文考科公佈答案

題號	答案	題號	答案	題號	答案
1	C	21	B	41	D
2	A	22	D	42	A
3	B	23	B	43	C
4	C	24	C	44	B
5	C	25	A	45	C
6	B	26	A	46	A
7	D	27	D	47	A
8	A	28	C	48	D
9	D	29	A	49	C
10	B	30	B	50	A
11	C	31	C	51	B
12	B	32	I	52	D
13	D	33	F	53	B
14	A	34	G	54	D
15	C	35	J	55	A
16	B	36	A	56	C
17	A	37	D		
18	C	38	B		
19	C	39	H		
20	D	40	E		

107年度學科能力測驗
國文、數學考科公佈答案

國 文				數 學				
題號	答案	題號	答案	題號		答案	題號	答案
1	C	22	B	1		4	D	21	9
2	B	23	D	2		3		22	2
3	C	24	C	3		5	E	23	3
4	B	25	D	4		2		24	5
5	B	26	A	5		3	F	25	7
6	D	27	A	6		5		26	2
7	D	28	B	7		4		27	1
8	B	29	D	8		1,4	G	28	3
9	C	30	A	9		2,3,5		29	2
10	C	31	C	10		2,3		30	3
11	C	32	D	11		3,5		31	3
12	A	33	C	12		1,3,4	H	32	3
13	D	34	A	A	13	2		33	7
14	A	35	BC		14	4			
15	D	36	BCD		15	1			
16	A	37	CE	B	16	7			
17	A	38	ABE		17	0			
18	C	39	ABC		18	2			
19	B	40	BDE	C	19	5			
20	D	41	ABC		20	4			
21	B	42	DE						

107年度學科能力測驗
社會考科公佈答案

題號	答案	題號	答案	題號	答案	題號	答案
1	C	21	A	41	A	61	C
2	C	22	D	42	A	62	B
3	B	23	C	43	A	63	A
4	A	24	C	44	C	64	B
5	B	25	B	45	D	65	A
6	D	26	C	46	A	66	C
7	B	27	A	47	C	67	D
8	D	28	D	48	B	68	D
9	C	29	B	49	D	69	A
10	D	30	C	50	C	70	B
11	A	31	D	51	B	71	D
12	B	32	A	52	B	72	B
13	D	33	D	53	C		
14	C	34	C	54	C		
15	B	35	A	55	D		
16	D	36	D	56	A		
17	A	37	A	57	B		
18	C	38	B	58	D		
19	A	39	A	59	C		
20	D	40	B	60	D		

107年度學科能力測驗
自然考科公佈答案

題號	答案	題號	答案	題號	答案	題號	答案
1	C	21	C	41	E	61	BD
2	A	22	C	42	D	62	BDE
3	B	23	A	43	A	63	B
4	D	24	CD	44	D	64	B
5	E	25	ABE	45	BCD	65	AE
6	C	26	AD	46	ABC	66	D
7	B	27	ADE	47	AE	67	CE
8	B	28	CD	48	ADE	68	BE
9	A	29	BC	49	BE		
10	D	30	BE	50	C		
11	C	31	AC	51	BCE		
12	E	32	BE	52	F		
13	B	33	CE	53	A		
14	A	34	ACD	54	CE		
15	E	35	BD	55	D		
16	E	36	ABD	56	C		
17	A	37	E	57	A		
18	C	38	B	58	E		
19	A	39	A	59	E		
20	A	40	AE	60	A		

高三同學要如何準備「升大學考試」

　　考前該如何準備「學測」呢？「劉毅英文」的同學很簡單，只要熟讀每次的模考試題就行了。每一份試題都在7000字範圍內，就不必再背7000字了，從後面往前複習，越後面越重要，一定要把最後10份試題唸得滾瓜爛熟。根據以往的經驗，詞彙題絕對不會超出7000字範圍。每年題型變化不大，只要針對下面幾個大題準備即可。

準備「詞彙題」最佳資料：

背了再背，背到滾瓜爛熟，讓背單字變成樂趣。

考前不斷地做模擬試題就對了！

你做的題目愈多，分數就愈高。不要忘記，每次參加模考前，都要背單字、背自己所喜歡的作文。考壞不難過，勇往直前，必可得高分！

練習「模擬試題」，可參考「學習出版公司」最新出版的「7000字學測試題詳解」。我們試題的特色是：
①以「高中常用7000字」為範圍。②經過外籍專家多次校對，不會學錯。③每份試題都有詳細解答，對錯答案均有明確交待。

「克漏字」如何答題

　　第二大題綜合測驗（即「克漏字」），不是考句意，就是考簡單的文法。當四個選項都不相同時，就是考句意，就沒有文法的問題；當四個選項單字相同、字群排列不同時，就是考文法，此時就要注意到文法的分析，大多是考連接詞、分詞構句、時態等。「克漏字」是考生最弱的一環，你難，別人也難，只要考前利用這種答題技巧，勤加練習，就容易勝過別人。

準備「綜合測驗」（克漏字）可參考「學習出版公司」最新出版的「7000字克漏字詳解」。

本書特色：

1. 取材自大規模考試，英雄所見略同。
2. 不超出7000字範圍，不會做白工。
3. 每個句子都有文法分析。一目了然。
4. 對錯答案都有明確交待，列出生字，不用查字典。
5. 經過「劉毅英文」同學實際考過，效果極佳。

「文意選填」答題技巧

　　在做「文意選填」的時候，一定要冷靜。你要記住，一個空格一個答案，如果你不知道該選哪個才好，不妨先把詞性正確的選項挑出來，如介詞後面一定是名詞，選項裡面只有兩個名詞，再用刪去法，把不可能的選項刪掉。也要特別注意時間的掌控，已經用過的選項就劃掉，以免重複考慮，浪費時間。

準備「文意選填」，可參考「學習出版公司」最新出版的「7000字文意選填詳解」。

特色與「7000字克漏字詳解」相同，不超出7000字的範圍，有詳細解答。

「閱讀測驗」的答題祕訣

① 尋找關鍵字——整篇文章中，最重要就是第一句和最後一句，第一句稱為主題句，最後一句稱為結尾句。每段的第一句和最後一句，第二重要，是該段落的主題句和結尾句。從「主題句」和「結尾句」中，找出相同的關鍵字，就是文章的重點。因為美國人從小被訓練，寫作文要注重主題句，他們給學生一個題目後，要求主題句和結尾句都必須有關鍵字。

② 先看題目、劃線、找出答案、標題號——考試的時候，先把閱讀測驗題目瀏覽一遍，在文章中掃瞄和題幹中相同的關鍵字，把和題目相關的句子，用線畫起來，便可一目了然。通常一句話只會考一題，你畫了線以後，再標上題號，接下來，你找其他題目的答案，就會更快了。

③ 碰到難的單字不要害怕，往往在文章的其他地方，會出現同義字，因為寫文章的人不喜歡重覆，所以才會有難的單字。

④ 如果閱測內容已經知道，像時事等，你就可以直接做答了。

準備「閱讀測驗」，可參考「學習出版公司」最新出版的「7000字閱讀測驗詳解」，本書不超出7000字範圍，每個句子都有文法分析，對錯答案都有明確交待，單字註明級數，不需要再查字典。

「中翻英」如何準備

可參考劉毅老師的「英文翻譯句型講座實況DVD」，以及「文法句型180」和「翻譯句型800」。考前不停地練習中翻英，翻完之後，要給外籍老師改。翻譯題做得越多，越熟練。

「英文作文」怎樣寫才能得高分？

① 字體要寫整齊，最好是印刷體，工工整整，不要塗改。

② 文章不可離題，尤其是每段的第一句和最後一句，最好要有題目所說的關鍵字。

③ 不要全部用簡單句，句子最好要有各種變化，單句、複句、合句、形容詞片語、分詞構句等，混合使用。

④ 不要忘記多使用轉承語，像*at present*（現在），*generally speaking*（一般說來），*in other words*（換句話說），*in particular*（特別地），*all in all*（總而言之）等。

⑤ 拿到考題，最好先寫作文，很多同學考試時，作文來不及寫，吃虧很大。但是，如果看到作文題目不會寫，就先寫測驗題，這個時候，可將題目中作文可使用的單字、成語圈起來，寫作文時就有東西寫了。但千萬記住，絕對不可以抄考卷中的句子，一旦被發現，就會以零分計算。

⑥ 試卷有規定標題，就要寫標題。記住，每段一開始，要內縮5或7個字母。

⑦ 可多引用諺語或名言，並注意標點符號的使用。文章中有各種標點符號，會使文章變得更美。

⑧ 整體的美觀也很重要，段落的最後一行字數不能太少，也不能太多。段落的字數要平均分配，不能第一段只有一、兩句，第二段一大堆。第一段可以比第二段少一點。

準備「英文作文」，可參考「學習出版公司」出版的：